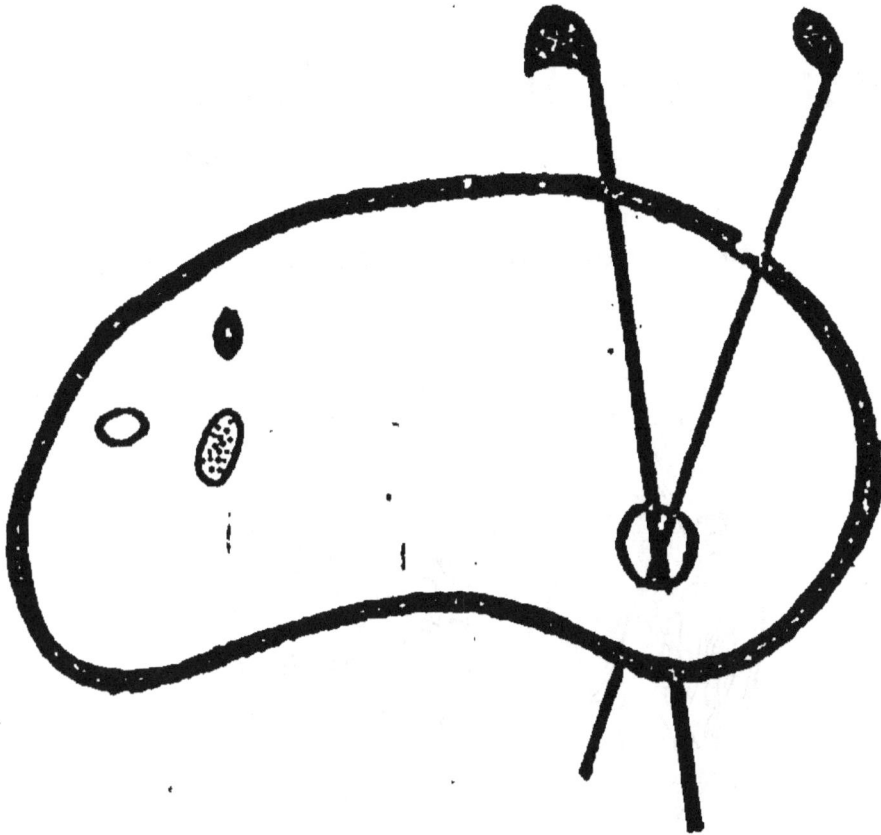

COUVERTURE SUPERIEURE ET INFERIEURE
EN COULEUR

Conserver la Couverture)

LA
BARONNIE DE ROSTRENEN

PAR

la Comtesse DU LAZ.

7270

MILITIS · S · P · DÑI DE ROSTRENEN

QUELTREU

VANNES

IMPRIMERIE GALLES, RUE DE L'HOTEL-DE-VILLE.

1892

LA

BARONNIE DE ROSTRENEN

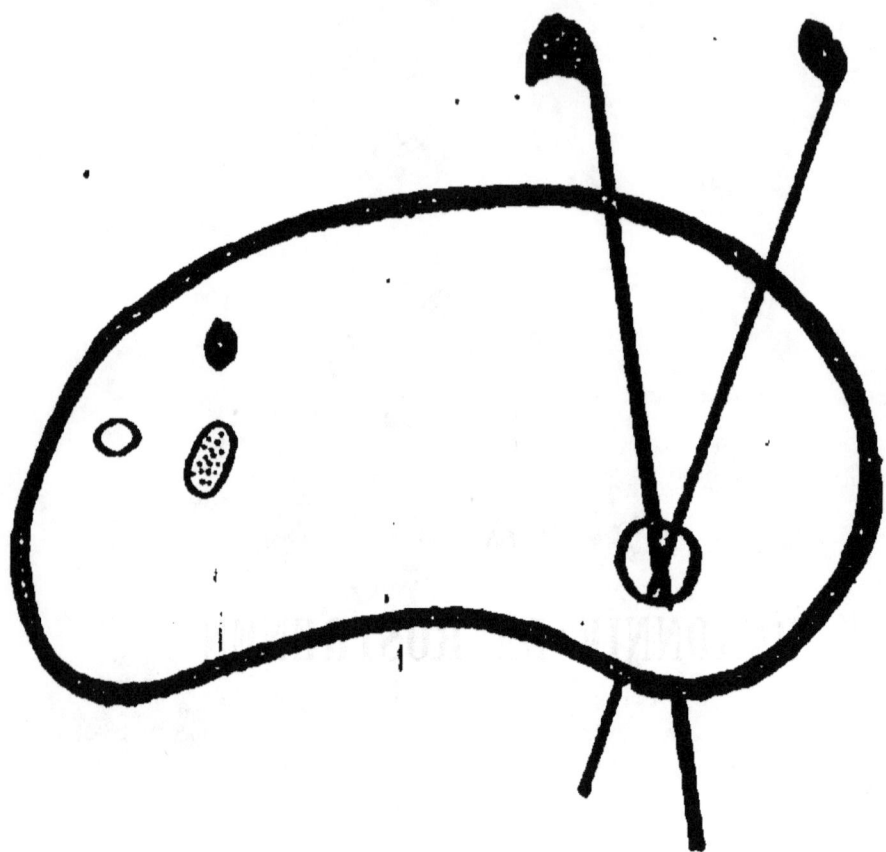

ORIGINAL EN COULEUR
Nf Z 43-120-8

LA
BARONNIE DE ROSTRENEN

PAR

la Comtesse DU LAZ.

OULTRE

VANNES

IMPRIMERIE GALLES, RUE DE L'HOTEL-DE-VILLE.

1892

A MADAME LA COMTESSE DU LAZ.

Vous m'avez envoyé, Madame, votre manuscrit concernant la Baronnie de Rostrenen, et vous me demandez ce que j'en pense. Je l'ai lu très attentivement et j'ai été étonné de la somme de travail que renferme cette histoire. Que de fouilles il vous a fallu faire dans les archives ! Mais aussi que de documents vous avez recueillis ! Que ne fait-on pas pour son pays natal ? Vous n'avez pas voulu garder le résultat de votre travail pour vous seule, et vous consentez à le communiquer à vos amis. Vous avez parfaitement raison.

En parcourant ces pages, qui respirent l'amour d'un passé glorieux, on connaît plus à fond son pays et on l'aime davantage. Au milieu des tristesses du présent, il est bon de faire revivre les héroïques figures du passé et de rappeler les services rendus jadis à la religion et à la patrie. C'est ce que vous avez fait, Madame, dans l'Histoire de la Baronnie de Rostrenen, et voilà pourquoi je vous offre mes remerciements et mes félicitations.

Veuillez agréer...

J^h-M. LE MENÉ,

Doyen du Chapitre de Vannes.

ESSAI D'HISTOIRE

SUR LA

BARONNIE DE ROSTRENEN.

———✦✦✦———

« L'homme sans le secours de l'histoire est étranger dans sa propre patrie. »

DOM MORICE.

La Baronnie de Rostrenen, située tout à fait au centre de la Basse-Bretagne, dans une région élevée et accidentée, avait pour bornes, au nord, le comté de Guingamp ; au nord-ouest, la châtellenie de Callac ; au nord-est, celle de Minibriac ; à l'ouest, la châtellenie de Carhaix.(depuis Cour et Juridiction ducale) ; à l'est, le comté de Quintin et la vicomté de Rohan ; enfin, au sud, la vicomté de Gourin, dans sa partie appelée châtellenie ét Baronnie du Faouët (1).

---

(1) Voyez Carte Féodale de l'ancienne Bretagne, par M. de la Borderie.

Elle comprenait une douzaine de paroisses, et avait sous elle originairement, dit M. de la Borderie, des fiefs importants qui finirent par s'affranchir, en partie du moins, de cette mouvance (1).

Il est bon de rappeler ce que dit D. Morice au sujet des baronnies : « Le titre de Baronnie n'a jamais été donné qu'aux terres d'une certaine consistance et composées d'un certain nombre de vassaux nobles.

» Il ne suffisait pas qu'une seigneurie renfermât plusieurs chevaleries pour mériter le titre de Baronnie ; il fallait encore qu'elle relevât immédiatement du souverain. Les terres érigées en Baronnies ou reconnues pour telles de temps immémorial, ne perdent jamais leur qualité en quelques mains qu'elles passent.

» Le comte Geoffroy défendit, par son assise de l'an 1185, le démembrement des Baronnies et chevaleries, mais cette défense ne fut pas toujours observée (2). La Baronnie devait renfermer une ville close : dès que le droit de Baronnie est donné à un Seigneur, il peut clore sa principale ville, et la murer avec tours et pont-levis sans aucune nouvelle impétration du Prince. »

Toutes ces conditions se trouvent dans Rostrenen, et également le droit de guet attribué aux Barons dans leurs châteaux et forteresses.

« Les Barons, dit encore D. Morice, étaient représentés, dans leurs écussons, vêtus d'une cotte de maille, montés sur des chevaux caparaçonnés et ornés de leurs armes, tenant une épée dans la main droite, et dans la gauche un écu ou bouclier. Cet habillement leur était commun avec les simples chevaliers ; mais on y remarque une magnificence que ceux-ci

---

(1) Géographie féodale, du même, page 140.

(2) Il n'y a point d'ancienne Baronnie qui ne compte plusieurs démembrements par partage. — Ces éclipses par partage sont appelées des Bacheleries, qui sont terres et seigneuries ayant toute justice démembrées des anciennes Baronnies. » (Hévin, consultations sur la coutume, page 517.)

n'osèrent jamais s'attribuer. » Tel est le sceau qui représente Pierre de Rostrenen. (Sceau 1279, D. Morice, Pr. I.)

Avant de commencer la série des Barons de Rostrenen, disons qu'ils font toujours partie, dans tous les États et assemblées, des hauts Barons de Bretagne, avec le vicomte de Rohan, le sire de Rochefort, le sire de Rieux, le vicomte de Coëtmen, les sires de Rougé, de Derval, de Montfort, de Montauban, de Quintin, de Montafilant, de la Hunaudaye, de Penhoet, de Tinténiac, de Matignon, de Combourg, du Chastellier d'Eréac, de Coëtquen, du Guesclin, de Mauro, du Perrier, etc.

La baronnie de Rostrenen a été possédée d'abord par la famille de ce nom, puis par d'autres familles que nous passerons successivement en revue.

PREMIÈRE PARTIE.

Les sires de Rostrenen.

D'hermines à 3 fasces de gueules. — Devise : OULTRE.

Les ROSTRENEN tirent leur origine des comtes de Poher, mais remonter jusqu'à ceux-ci dans leur filiation est chose qui n'a pas encore été faite. Il est impossible aussi de les rattacher à ce prétendu Guillaume de Rostrenen, connétable de Louis-le-Débonnaire, en 834 (1). La série certaine des sires de Rostrenen ne commencera donc qu'à (2) :

I.

RIVALLON, sire de Rostrenen et sénéchal de Bretagne, qui vivait, dit-on, en 1068, au temps de Hamon de Poher.

II.

DERRIEN, fils de Rivallon, fut, après lui, seigneur de Rostrenen, et vivait vers 1100.

---

(1) Cité par le Président Hénault, dans son abrégé chronologique de l'histoire de France.

(2) La filiation des Rostrenen va être donnée ici telle que je la tiens de M. l'abbé Le Mené, chanoine titulaire, à Vannes.

III.

PIERRE Ier, fils du précédent, lui succéda dans la même seigneurie. (1135?)

IV.

Ici se place une génération intermédiaire pour combler la 2e partie du XIIe siècle. (1170?)

V.

1. PIERRE II, sire de Rostrenen, descendant de Pierre Ier, vivait en 1200.

2. Anne, sa sœur, épousa, en 1201, ALAIN, seigneur de Rochefort.

3. Nine, mariée à GUILLAUME, sire de Montfort, qui portait bannière à Bouvines (1214).

4. Marie parait avoir épousé ALAIN, sire de Rieux.

5. Jeanne fut dame DE COËTQUEN. (Laboureur, 74.)

VI.

DE PARTHE-
NAY :

D'argent, à la croix pat-tée de sable.

1. PIERRE III, sire de Rostrenen, prit part, en 1237, à la révolte d'Olivier de Lanvaux et de Pierre de Craon contre le duc Jean Ier, et vivait encore en 1248 et 1252. (H. I, 171. Laboureur, 74.) Il épousa Jeanne DE PARTHENAY.

2. Alix, sa sœur, épousa SOUDAN, vicomte du Faou.

VII.

DE VITRÉ :

De gueules, au lion cou-ronné d'ar-gent.

1. PIERRE IV, sire de Rostrenen, fils de Pierre III, agréa, en 1279, le changement du bail en rachat (Pr. I, 1039) pour les terres nobles ; il contribua, en 1284, à la fondation des Jacobins de Guingamp (H. I, 209), reconnut, en 1294, devoir au duc deux chevaliers d'ost (Pr. I, 1114, 1211), et fut inhumé

à Guingamp, le 11 mars 1307 (Lob. 74). Son sceau est reproduit par D. Morice (Nº 95) et au commencement de ce travail. Il avait épousé Nicole de Vitré, probablement l'une des six filles du second mariage d'André, sire de Vitré, avec Thomase de Pouancé (1).

C'est lui, plutôt que son père, qui figure dans la vie de saint Yves pour un fameux miracle que nous allons redire ici, laissant parler Albert Le Grand :

MIRACLE DES ARBRES.

« Saint Yves ayant eu advis que dans la forest de Rostrenen y avoit de beaux arbres, alla trouver le seigneur Pierre de Rostrenen pour luy en demander quelques-uns, et obtint de luy permission d'en prendre autant qu'il luy en faudroit à son choix.

» Saint Yves le remercia, et s'en alla à la forest, choisit grand nombre de beaux arbres, les fait marquer et abattre : mais comme la cour des grands est d'ordinaire remplie de flatteurs, aucuns de ce métier qui avoient ouï saint Yves faire cette demande au seigneur, et l'eussent bien voulu dès-lors faire éconduire, mais n'avoient osé en présence du sainct, le lendemain dirent au seigneur qu'il étoit bien simple de se laisser ainsi affronter par cest hypocrite, qui sous prétexte de bâtir l'église de Land-Tréguer il amassoit un grand argent, et qu'abusant du pouvoir qu'il avoit eu, il avoit abattu deux fois plus d'arbres qu'il n'en falloit pour cest édifice, et des plus beaux qui fussent en toute la forest. Ce seigneur, croyant trop légèrement aux faux rapports de ces garnemens, se mit en colère contre le sainct, et quand il s'en fust retourné le remercier, le tança rudement, et luy dit même quelques injures et mots de travers.

---

(1) Catherine de Bretagne, fille de Guy de Thouars et de la duchesse Constance, première femme d'André III de Vitré, était morte en 1237, ne laissant qu'une fille qui, en 1230, épousa Guy VII de Laval.

» Saint Yves endura patiemment cette attaque, et respondit seulement que c'estoit pour le service d'un seigneur qui estoit riche et puissant pour le récompenser, et qui ne manquoit jamais à récompenser ceux qui se monstroient libéraux à luy bastir et orner des temples ; au reste que la chose n'estoit pas comme on la luy faisoit entendre, que le lendemain matin il lui feroit voir qu'il n'avoit pas prins d'un seul pied plus qu'il n'en falloit pour l'édifice, au dire des ouvriers qu'il avoit amenés. Le lendemain donc, la messe ouye dans la chapelle du chasteau, saint Yves et le seigneur de Rosternen, son train et les ouvriers allèrent à la forest, voir les arbres qu'on avoit abattus et marqués, et trouvèrent (chose miraculeuse) que sur le tronc de chacun arbre qui avoit été coupé le jour précédent, ceste nuit estoit creu trois arbres beaucoup plus beaux que ceux que l'on avoit coupés ; de sorte que, si on en avoit coupé vingt, il s'en trouvoit soixante. Le seigneur de Rosternen ayant veu ce miracle, se jeta aux pieds de saint Yves, et luy ayant demandé pardon, luy permit d'en prendre tout autant qu'il auroit affaire. »

Dans le récit des Bollandistes *(Acta sanctorum, Vita S. Yvonis. T. IV.)* « Les arbres venus sur les troncs des arbres coupés, par les ouvriers de saint Yves sont plus nombreux et plus gros que ne le permet la nature. Mais aussi ils mettent cinq ans pour atteindre cette grosseur (1).

2. Geoffroi DE ROSTRENEN, frère juveigneur de Pierre, figure, en 1267, pour un don de 150 livres fait par le duc Jean Ier Le Roux. Le 17 avril 1270, ce prince s'embarqua à Marseille pour la croisade, accompagné de la duchesse Blanche de Champagne, sa femme, du comte de Richemont, son fils, et de Béatrix d'Angleterre, sa belle-fille. Plusieurs seigneurs Bretons les suivirent, entre autres Geoffroy de

---

(1) Ces miracles de saint Yves, comme les extraits de l'enquête pour sa canonisation, m'ont été fournis par M. l'abbé Legall, aujourd'hui vicaire à Maël-Carhaix (Côtes-du-Nord), qui m'a aidée également dans bien des recherches concernant cette grande race des Rostrenen,
Voyez aux pièces justificatives le texte latin des Bollandistes.

Rostrenen. Le duc de Bretagne lui était redevable en 1272 de 400 livres pour son voyage. (Pr. I. 1007).

3. Plésou épousa Hervé DE PONT-L'ABBÉ.

4. Constance, dame DE GLOMEL, épousa, vers 1280, Jean DE PESTIVIEN, chevalier. Les relations de tous deux, ainsi que celles de Pierre, le sire de Rostrenen, son frère, et de la dame de Rostrenen avec saint Yves, sont d'un trop grand intérêt pour les passer sous silence, et pour n'en rien omettre.

Dans l'enquête pour la canonisation du saint (1330), le Vᵉ témoin, Geoffroy de Loanno, raconte comment saint Yves, pour être à même de donner aux malades un secours plus prompt, portait toujours sur sa poitrine un coffret d'argent d'un grand prix, dans lequel il conservait le corps de Jésus-Christ. D'après la déposition de l'abbé de Bégard, ce coffret avait été donné au saint par la dame de Rostrenen, du diocèse de Cornouaille.

Jean de Pestivien, fils de Constance de Rostrenen, paraît aussi comme IVᵉ témoin, dans l'enquête, et « affirme que cent fois et plus, dans la maison de son père (1), il a vu le saint s'abstenant de viande et de vin, ajoute que par exception, dans les grandes circonstances, et vaincu par les instances de Constance sa mère, Dom Yves prenait dans l'eau qu'il buvait quelques gouttes de vin, autant à peu près qu'on met d'eau dans le calice pour le sacrifice de la messe; le même témoin dit encore qu'il a vu le saint agir ainsi dans divers manoirs de son père, à Pestivien, à Glomel, et à Guézet, diocèse de Cornouailles. Dom Yves avait amené, dit-il, la dite Constance (de Rostrenen) à faire abstinence de viande, le mercredi de chaque semaine, ce qu'elle a continué de faire depuis. »

Voilà pour Constance ; mais ses trois filles, Typhaine, Plésou et Bénévente, ont aussi leur rôle dans la vie du saint : voici ce qu'ajoute encore Jean de Pestivien, leur frère : « Il déclare lui, IVᵉ témoin, qu'il a lui-même vu et entendu fort

---

(1) Célèbre château de Pestivien, en Bulat (Côtes-du-Nord).

souvent Dom Yves prêcher la parole de Dieu au clergé et au peuple, tant dans les églises que sur les chemins, spécialement à Saint-Corentin, dans l'église cathédrale de Quimper, et dans plusieurs autres endroits. On lui a demandé dans quels chemins il a ainsi entendu saint Yves prêcher ? Il a répondu que c'était un samedi du mois d'août, un an environ avant la mort de Dom Yves, pendant que lui, Jean de Pestivien, se rendait à pied du manoir de Guézet à la ville de Quimper, avec son père, sa mère, ses trois sœurs, en compagnie de D. Yves et de plusieurs autres personnes. Voyant que dame Constance, mère dudit témoin, était fatiguée de la route, Dom Yves s'arrêta à un embranchement et se mit à leur prêcher la parole de Dieu..... »

L'aînée des filles de Constance (XVIᵉ témoin dans l'enquête), Typhaine de Pestivien, était alors mariée à Alain de Keranrais, que l'on retrouve, ainsi que Jean de Pestivien, au combat des Trente, vingt ans après (1350).

VIII.

PONT-L'ABBÉ :

D'or au lion de gueules, armé et lampassé d'azur.

PIERRE V, sire de Rostrenen, chevalier, fils du précédent Pierre, et de Nicole de Vitré, épousa, vers 1300, Anne du Pont-l'Abbé, fille de Geoffroy, sire du Pont-l'Abbé, et de Jeanne de Malestroit. Il succéda à son père en 1307. Il prit une part active à la guerre de succession ouverte en 1341, par la mort de Jean III Le Bon, duc de Bretagne, mort sans postérité, dont la nièce Jeanne, fille de Guy, comte de Penthièvre, mariée, le 4 juin 1337, à Charles de Blois, soutenait ses droits contre ceux de Jean de Montfort, son oncle, qui n'était que le deuxième frère du duc Jean III.

Pierre de Rostrenen assista au siège de Rennes, à celui d'Hennebont, et prit part à la reddition d'Auray. Il commandait une partie de l'armée de Charles de Blois dans la première période de la guerre de succession. Charles, en 1342, se rendant au siège de Carhaix, séjourna au château de Rostrenen.

« Après avoir pris Vannes, dit D. Lobineau (H. p. 324),
» Charles de Blois résolut d'aller faire le siège de Carhaix. Il
» envoya devant Anseau escuier, pour avoir des nouvelles de
» l'ennemi, et l'attendit au chasteau de Rostrelehen (1).
» Anseau estant de retour le trouva couché tout vestu, couvert
» d'un manteau, et sur un lit dont il avoit fait oster la plume ;
» mortification qu'il pratiquoit ordinairement, sans parler du
» cilice et des jeûnes, qui lui estoient aussi ordinaires » (2).

Le sire de Rostrenen périt glorieusement à la bataille de
La Roche-Derrien, le 18 juin 1347, où il commandait le second
corps d'armée, et où Charles de Blois, après dix-sept blessures,
fut fait prisonnier par Thomas d'Agewort.

2. Guillaume DE ROSTRENEN, son frère, mentionné en 1320
(Pr. I. 1298).

3. Michelle, mariée à RAOUL V DE MONTFORT.

4. Françoise DE ROSTRENEN, mariée à CONAN, sire de
Quélen, chevalier, fils de Conan, sire de Quélen, chevalier,
et d'Amette de Kergorlay.

5. Alix DE ROSTRENEN épousa GUY, sire de Plusquellec.

6. Plésou, femme de JEAN, seigneur du Quélennec.

IX.

1. PIERRE VI, sire de Rostrenen, fils de Pierre V et d'Anne
du Pont-l'Abbé, épousa Marie de la Jaille, fille d'Yvon VI,
sire de La Jaille. Il embrassa, en 1341, la cause de Charles
de Blois, et ratifia, en 1352, l'ambassade envoyée en Angleterre
(H. I, 275, 276, Pr. I, 1486). On le trouve comme Chevalier
Banneret, et au premier poste, dans l'armée de Bertrand
du Guesclin, dont il fut un des plus valeureux aides. Aussi
lorsque le héros breton reçut l'épée de connétable de France,

DE LA JAILLE :
*D'argent à
la croix fusc-
lée de gueules
(sceau 1190) ;
aliàs : D'or au
léopard lion-
né de gueules,
accompagné
de cinq co-
quilles d'azur
(sceau 1300).*

---

(1) Rostrenen est écrit tantôt Rostrenan, Rothelin, Rostrelan, Rostrelehen.

(2) Pour preuves de ce fait raconté aussi dans Froissard, D. Lobineau renvoie à
l'information pour la canonisation de Charles de Blois, témoin 40.

le 2 octobre 1370, « étaient présents de ceux de Bretagne (dit
» d'Argentré, livre V, p. 367), le sire de Clisson, le vicomte
» de Rohan, les sires de Léon et de Laval, de Montfort, les
» sires de Rochefort, de Tournemine, Montafilant, Beau-
» manoir, ROSTRENEN, Malestroit, lesquels étaient venus
» veoir messire Bertrand Connestable par privée amitié. »

On retrouve le sire de Rostrenen à la bataille de Chizé, le
21 mars 1372 ; il surprend Niort ; le 15 août de la même année
il est au siège de La Rochelle ; en juin 1373 il est au siège
de Brest. Dans la revue de Clisson, faite à la bastide de
S. Goueznou, près Brest, le 1er mai 1379, les trois premiers
Bannerets sont : « Le dit sire de Clisson, Banneret ; le sire de
» Rostrenan, Banneret ; le sire de Derval, Banneret. » (D.
Morice, Pr. I, 1642. II, 38, 64, 202, 245, 379, 460, etc.)

On le voit avec le Connétable de Clisson jusque vers 1380.

2. Jeanne DE ROSTRENEN, sa sœur, épousa, en 1320,
ALAIN VII, vicomte de Rohan (D. M. Pr. I, p. 129.) Il était fils
aîné d'Olivier II, vicomte de Rohan, et d'Alix de Rochefort,
et il fut un des plus fameux guerriers de cette époque belli-
queuse, et l'un des chefs du parti de Charles de Blois. Il fut
tué au combat de Mauron, en juin 1352.

Un sceau de Jeanne ayant pour légende ✳ S. Joh. de
Roternen, vicomtesse de Rohan, a pour devise : « Si je puis. »
Ce qui a fait des auteurs héraldiques l'attribuer aux Rostrenen ;
mais voici ce qui y a donné lieu : celle des Rohan était :

> Roi ne puis
> Duc ne daigne,
> Rohan suis.

Mais sur quelques sceaux de la maison de Rohan, on lit :
Roi se je puis, ce qui est bien différent. Et c'est cette finale
de devise des Rohañ qui, mise sur le sceau de Jeanne de
Rostrenen, a fait le sujet de cette erreur (1).

---

(1) Voyez Froissart annoté par le baron de Lettenhove.

Elle se trouvait donc veuve en 1352, avec trois enfants,

A. Jean Ier, vicomte de Rohan, qui mourut le 14 février 1395, après s'être couvert de gloire dans toutes les guerres, et durant toute la seconde moitié de ce siècle fameux, puisqu'il combattit à Mauron avec son père. Il avait épousé : 1° Jeanne de Léon, fille unique d'Hervé de Léon et de Marguerite d'Avaugour, en 1377 ; 2° Jeanne de Navarre, fille de Philippe III d'Évreux, roi de Navarre, et de Jeanne de France, et sœur de Blanche de Navarre, femme de Philippe VI, roi de France.

B. Pierre de Rohan,

C. Marguerite qui épousa Olivier de Clisson, connétable de France.

Jeanne de Rostrenen se remaria au chevalier anglais Roger Davy, le plus bel homme de l'Angleterre, dit Mazas, et elle l'avait suivi au château de Pestivien qu'il commandait, et que Duguesclin vint assiéger et qu'il prit, sauvant Davy de la rage des assaillants en rendant hommage à sa valeur. Il arracha à la brutalité des soldats, Jeanne de Rostrenen, après laquelle les Bretons s'acharnaient, car ils voulaient, dit Mazas (1), la punir d'avoir répudié le beau nom de Rohan.

En considération de son mariage avec ce partisan anglais, Édouard III, roi d'Angleterre, qui avait la curatelle du jeune Montfort, dont le père était mort au château d'Hennebont, le 26 septembre 1345, avait donné à Roger Davy et à Jeanne de Rostrenen, la châtellenie de Guémené-Guégant, et le château et domaine de Pestivien conquis par Roger Davy, exempts de toutes impositions et de tous subsides. (1er avril 1354, D. Lobineau, Hist. p. 347.) Nous trouvons dans l'histoire de du Guesclin, par Hay du Châtelet, que Roger Davy, par reconnaissance pour du Guesclin, passa dans son armée, lui rendit de très grands services, et fut tué à la bataille d'Auray, en combattant auprès de lui.

---

(1) Grands capitaines du moyen âge. — Mazas.

Jeanne de Rostrenen, restée veuve, céda au Duc, par acte du 29 mai 1371, la châtellenie de Guémené, moyennant une rente viagère de dix mille livres (1). (Pr. I, 1665, 1402, 1297.)

3. Amicie DE ROSTRENEN épousa Guillaume de La Roche, dit de Lohéac.

4. Rolland DE ROSTRENEN épousa Jeanne de Coëtmen.

5. ALAIN, frère de Rolland, mentionné comme lui en 1391. Ces trois derniers, comme Pierre VI, et Jeanne de Rostrenen, vicomtesse de Rohan, enfants de Pierre V et d'Anne du Pont-l'Abbé.

X.

DE MAUNY :

D'argent au croissant de gueules.

1. PIERRE VII DE ROSTRENEN, fils de Pierre VI et de Marie de La Jaille, épousa Marguerite de Mauny, fille d'Olivier de Mauny, seigneur de Lesnen, chevalier-banneret, et de Marguerite de Québriac, lequel Olivier de Mauny, neveu de Bertrand du Guesclin, fut l'un de ses plus célèbres lieutenants.

Pierre VII fut l'allié de Clisson dans ses démêlés avec le Duc après l'atroce et déloyale arrestation d'Olivier dans la tour de l'Hermine, à Vannes ; pour en sortir, Clisson fut obligé de faire avec le Duc un traité, le 27 juin 1387, où on lit : « *Item le sire de Clisson voudra et commandera aux seigneurs* » DE BEAUMANOIR, DE DERVAL, DE ROSTRENEN, *et à tous* » *autres ses alliés venir à Monseigneur le Duc dessus dit pour*

---

(1) Ce fut avec la dot de Jeanne de Navarre, belle-fille de Jeanne de Rostrenen, que fut achetée pour son fils la châtellenie de Guémené, à Jéhan, sire de Longueval et à Jeanne de Beaumez, ce qui prouve que le Duc leur avait restitué leurs biens confisqués sur Jeanne de Beaumez (une femme de Picardie, en rébellion contre le Duc), mariée alors ou depuis, au sire de Longueval. C'était en 1251, par le mariage de Robert de Beaumez avec Mabille de Rohan, que ces chevaliers d'Artois et de Picardie possédaient Guémené, précédemment aux Rohan. Les Barons de Rostrenen ont tant d'alliances avec les Rohan, que ces diverses notions sur leurs possessions voisines de Rostrenen ne seront pas inutiles ici.

» *renoncer aux grés et promesses qu'il luy ont faits et à mon*
» *dit seigneur en requerrant pardon.* »

Le sire de Rostrenen aida Clisson à reconquérir les places
que le Duc lui avait extorquées. Il emporta d'assaut Châ-
telaudren. Il fut du nombre de ceux qui s'opposèrent à la
régence du duc de Bourgogne, en Bretagne, alors que
Jean IV étant mort depuis 1399, sa veuve, Jeanne de Navare,
venait d'épouser, en 1402, Henri IV, roi d'Angleterre, après
avoir mis son fils Jean V en possession du duché de Bretagne.

La cour de France, craignant l'influence de l'Angleterre
sur la Bretagne, avait fait déclarer le duc de Bourgogne
régent du duché, ce que la duchesse avait accepté ; mais le
comte de Ponthièvre, le vicomte de Rohan, les sires de Clisson,
de Malestroit, de Beaumanoir, de Dorval, de ROSTRENEN, de
Pont-l'Abbé, de Kaer et de Coëtmen s'y opposèrent, ne
voulant pas que le gouvernement du Duc et la garde des
enfants du feu Duc fussent entre les mains d'un prince
étranger. Mais ce fut en vain.

Il fit partie, en 1408, de l'ambassade envoyée par les États
de Bretagne au duc de Bourgogne (Pr. Lobineau II. 830) et
mourut le 2 septembre 1419, très peu de temps après saint
Vincent Ferrier. Ce fut sans doute à la sollicitation des sires
de Rohan et de Rostrenen que ce grand saint avait récemment
fait entendre ses prédications à Pontivy, à Guémené et dans
l'église seigneuriale de Rostrenen, ainsi que nous l'apprend
Dom Lobineau dans sa Vie des Saints de Bretagne. Il était si
faible et si débile lorsqu'il montait en chaire à cette époque,
qu'on le croyait mourant, mais il se ranimait soudain et
parlait avec une extrême ardeur.

Il mourut à Vannes, le 5 avril 1419, assisté par Jeanne de
France, duchesse de Bretagne.

2. Jean DE ROSTRENEN, frère de Pierre VII, et fils comme
lui de Pierre VI, naquit vers 1407. La grande différence d'âge
d'entre lui et son frère ainé fait croire qu'il n'était pas fils de

Mario de la Jaillo, mais d'une seconde femme (1). Il figure au siège de Fougères, en 1449, à la défense de Brest avec le sire de Malestroit, maréchal de France, en 1453 : au mariage de Mario de Bretagne (2) avec Jean II de Rohan, en 1468. En 1465, il commande une compagnie d'ordonnance dans l'armée du Duc François II. Il était un des chambellans du Duc. Il fut l'un des seigneurs qui ratifièrent le traité de Senlis entre Louis XI. et le duc de Bretagne.

Dans les comptes des trésoriers du Duc, on trouve Jean de Rostronen qui reçoit avec les plus grands seigneurs des dons du duc de Bretagne, dons d'argent et de pièces d'argenterie, telles que coupes, aiguières (D. Morice).

Jean de Rostronen avait épousé, vers 1430, Louise de Rohan, fille d'Édouard de Rohan, chevalier, et de Marguerite de Châteaubriant. Louise de Rohan était veuve de Patri de Châteaugiron, lequel avait été tué au combat des grèves du Mont-Saint-Michel, le 27 avril 1427 (3). Leur fille et héritière fut Béatrix de Rostronen, mariée à Jean d'Acigné, chambellan du Duc. (D. Morice. Pr. III. p. 455.)

3. Jeanne DE ROSTRENEN fut mariée à Thomas, seigneur de Fontenay, et sans doute aussi c'est elle qui, en première ou secondes noces, épousa messire Eustache de la Houssaye, fils vraisemblablement du célèbre compagnon de du Guesclin.

---

(1) Jean de Rostrenen établit lui-même sa filiation dans l'enquête de 1479 (D. Morice, supplément aux preuves P. cxcviii), déclarant qu'il a environ 72 ans, qu'il est fils de Pierre de Rostrenen, lequel était père du précédent messire Pierre, que, quand il avait 12 ou 13 ans, il allait au temps que les Conseils de la duchesse se tenaient, étant en la compagnie du sieur de Rostrenen qui était son neveu, fils de son frère aîné. Il dit qu'il était cousin-germain de Jean, vicomte de Rohan. Il dit aussi qu'il fut au siège de Chantoceaux en la qualité de page dudit sire de Rostrenen, son neveu.

(2) Marie de Bretagne, fille cadette de François Ier, duc de Bretagne, et d'Isabeau d'Écosse.

(3) Jean de Rostrenen fut seigneur de Tréfaven, par sa femme en 1442, et échangea cette seigneurie pour celle de Coetdor, en Guer, en 1456, et vivait encore en 1479. (Pr. II. 1354, 1735, 1763. III. 455. Bull. 1868, p. 48). H. II. 198.

XI.

1. PIERRE VIII, sire de Rostrenen, fils de Pierre VII, épousa Jeanne du Guermeur, dame du Ponthou, fille d'Hervé du Guermeur, seigneur du Ponthou (1) et de Marguerite du Chastel, sœur du fameux Tanguy du Chastel, grand-maitre et maréchal de France. Il prit part en 1420 à la ligue contre les Penthièvre et partit le 6 octobre 1424 avec le comte de Riche-mont pour rejoindre Charles VII à Angers.

Arthur de Richemont reçut peu après (1425) du roi de France, dans la plaine de Chinon, l'épée de connétable de France. Le sire de Rostrenen, ainsi que les principaux chefs de Bretagne le joignirent en route. Il fut envoyé par le connétable à la garde de Pontorson, la frontière de Bretagne, et fut fait capitaine de cette place. Sortant un jour pour visiter la garnison d'Avranches, un de ses gentilshommes s'étant noyé au passage de Pontaubaut, et la marche étant retardée, les Anglais l'attaquèrent en grand nombre et le firent prisonnier avec 150 hommes. Le Duc ayant appris cette fâcheuse nouvelle, envoya Jacques de Dinan, seigneur de Montafilant, et le maréchal, son frère, à Pontorson. Puis eut lieu la défaite des Bretons sur les grèves du Mont-Saint-Michel où périrent de valeureux et illustres seigneurs (1427).

Nous retrouvons le sire de Rostrenen allant avec le con-nétable rejoindre la libératrice envoyée par le Ciel pour sauver la France et ranimer l'armée; il combattit avec elle. Après le couronnement du roi à Reims, le duc de Bretagne, très ému des hauts faits de Jeanne d'Arc, lui envoya une dague et

---

(1) Le château du Ponthou, situé en la paroisse du Ponthou, evesché de Tréguier, avait fief, juridiction et chatellenie, haute, bàsse et moyenne justice. Son fief s'étendait dans les paroisses du Ponthou, Plouégat, Moysan, Botsorhel, Guerlesquin, trève de Lannéanou, Plougonven, Plouigneau, Plouezoch, Plougaznou, Lanmeur et Plouégat-Guerrand. Les seigneurs du Ponthou étaient fondateurs de l'église paroissiale et prieuré du Ponthou, fondateurs de l'église de Plouezoch. Ils avaient leurs patibulaires à quatre pots dans Rosanqueris au-dessus de la ville du Ponthou qui est noble et exempte de tailles.

quelques chevaux de prix par le sire de Rostrenen. (H. 507 et 508.)

Pierre fit toutes les campagnes de cette époque, et seconda Arthur de Richemont dans le Poitou, puis dans le Maine, en 1434, à Saint-Denis et à Crotoy en 1436, et à Meaux en 1439.

Les 2° et 3° comptes d'Antoine Raguier, trésorier des guerres, depuis 1436 jusqu'à 1440, s'expriment ainsi : « à monsieur de » *Rostrenan*, capitaine de Compiègne... et plus loin, à *mon-* » *seigneur de Rostrenen*, pour lui aider à supporter les grans » charges, frais, missions et despenses qu'il lui convient faire » au voyage que présentement mon dit seigneur le connestable » et mons. le Chancelier de France lui ont ordonné faire » partant de ceste ville de Paris pour aller devers le Roy à » Montpellier lui remontrer les affaires touchant le fait de la » guerre — 100 saluts d'or (Pr. II. 1267 et 1268).

» Au sire de Rostrenan la somme de 100 l. tournois, à lui » ordonnée par le Roy à Reims, le 8 mai 1439, pour partie de » ses frais d'avoir esté partant de la ville de Paris en la ville de » Reims, par devers M. le Chancelier de France et autres gens » du Conseil du Roy, pour lui remontrer les fais et affaires » des pays et Isle de France, et avoir sur ce provision; et » aussi pour admener dud. lieu de Reims le trésorier portant » avec lui certaine finance pour le payement des gens de » guerre establis audit pays, faisant frontière à l'encontre des » ennemis dudit sieur Roy. »

Le sire de Rostrenen mourut à Paris, le 12 août 1440 (d'Argentré). On lit dans l'histoire de Bretagne de Pierre Le Baud : « Pierre, sire de Rostrenen, chevalier, conseiller » chambellan du Roy nostre Sire, et Lieutenant général de » monseigneur le Connestable, ce sont les qualitez, avec celle » de noble et puissant seigneur, que porte l'inscription de son » tombeau de marbre, qui se voit derrière le grand autel des » Jacobins de Paris (1), où il fut inhumé estant décédé » l'an 1440. La vie de Artus III, duc de Bretagne (2), est

(1) Aujourd'hui l'église de Saint-Roch remplace les Jacobins.
(2) Par Guillaume Gruel.

» pleine de belles actions de ce seigneur qui portoit de
» Rostrenen. »

Le minu fourni à la Cour ducale de Carhaix, le 1er mars 1441,
par Jean du Pont-l'Abbé, et sa femme Marguerite de
Rostrenen, donne également la date de la mort du sire baron
de Rostrenen, et nous apprend ainsi que Jeanne du Guermour,
sa femme, lui survécut. Il laissait trois filles, savoir :

I. Marguerite, sa principale héritière, qui porta la baronnie
de Rostrenen dans la maison du Pont-l'Abbé, comme on le
verra cy-après.

II. Catherine qui épousa Rolland VII de Guémadeuc, fils
de Rolland VI et de Isabeau de Goyon de Matignon.

III. Jeanne, dame de la Roche-Helgoumac'h qui épousa
Guyon, sire du Quélennec, vicomte du Faou.

2. Marie de Rostrenen, sœur de Pierre VIII, épousa, en
1422, Olivier II de Rohan, seigneur du Gué-de-l'Isle, fils
d'Olivier Ier de Rohan, seigneur du Gué-de-l'Isle, et de
Havoise de la Chateigneraie.

Guillaume, Olivier, et Rolland de Rostrenen, dont il nous
reste à parler, avant de continuer la liste des barons de
Rostrenen, semblent frères de Pierre VIII. Leur filiation,
nécessaire à établir, n'a pu l'être encore. Ils étaient tous
contemporains de Jean de Rostrenen.

Guillaume de Rostrenen, seigneur de Brélédy, fut tué au
combat de Pontrieux en 1489, et n'était pas jeune alors,
puisqu'il était écuyer du Duc en 1451 (D. M. Pr. II, 1607),
et, en 1452, envoyé par le Duc avec Jehan et Pierre de
Villeblanche et autres, à Brest « pour les nouvelles des
Anglais qu'on disait être arrivés au dit lieu, et pour empêcher
leur descente. » (D. Morice, Pr. II, 1606.)

Ollivier de Rostrenen, se trouve, en 1487, dans la ligue
des Seigneurs formée contre le Duc; parce qu'il était gouverné
par des étrangers (1). Quelle fut son alliance? Dans tous les
cas, il ne laissa pas de postérité.

---

(1) Le duc d'Orléans, le prince d'Orange, le comte et le cardinal de Foix.

Rolland de Rostrenen joue un rôle considérable dans toutes les affaires de l'époque, et l'alliance qu'il fit dit assez le rang qu'il occupait dans le Duché. Il avait épousé Perronnelle de Maillé, veuve d'Alain IX, vicomte de Rohan, fille d'Hardouin, sire de Maillé et de Boussay, et de Perronnelle d'Amboise.

Dans l'enquête de 1479, au sujet des préséances des maisons de Rohan et de Laval, Jean de Rostrenen dit « que la » baronnie et seigneurie de Pont-Château est à présent tenue » et possédée par Perronnelle de Maillé, compagne en tierces » noces du vicomte de Rohan, par elle et Rolland de » Rostrenen, son mari à présent, et font leur demeure audit » château de Blain par le congé du dit vicomte de Rohan » de présent. »

Pour les années 1474 et 1475, commission est donnée à Rolland de Rostrenen et Robert l'Espervier de tenir les monstres de Guerrande et de Pont-Chasteau. » (Pr. III, 282.)

En 1480, Rolland de Rostrenen est dit seigneur de Pont-Château, et capitaine de Josselin. (Pr. III, 394.)

Bertrand de Rostrenen n'a pas plus que les précédents, les noms de ses père et mère, mis au jour. Nous trouvons seulement ceci, à son sujet : « la monstre de Bertrand de Rostrenan, escuier, et dix autres escuiers de sa compagnie reçus à Lyon le 29 janvier 1419. Le sceau dudit Bertrand, d'hermines à trois fasces. La dite compagnie servant ez pays du Maconnais et Charollais détenus par les ennemis du Régent » (1).

_____

(1) Le nom de Rostrenen n'a-t-il pas été continué par quelque cadet, longtemps après les barons de Rostrenen ? J'ai trouvé à la Bibliothèque nationale, salle des manuscrits (Pièces originales, 57,037), quittance des rentes de l'hostel de ville.

« Je Claude de Rostrenan, conseiller du Roy cy devant maître des eaux et foretz de » la ville prévosté et vicomté de Paris, et controlleur général de la maison de son » Altesse Royale feue Madame, confesse avoir reçu la somme de six vingtz cinq livres » pour le premier quartier de la présente année mil six cens soixante dix neuf à » cause de cinq cens livres de rente faisant partie de plus grande rente constituée le » vingt octobre mil six cens trente quatre sur les trois millons de gabelles dont je » quitte le dit sieur et tous autres. Faict à Paris ce Xᵉ jour de décembre mille six cens » soixante dix huit.

DE ROSTRENEN.

DEUXIÈME PARTIE.

Les du Pont-l'Abbé, barons de Pont-l'Abbé et de Rostrenen.

PONT-L'ABBÉ : *D'or, au lion de gueules, armé et lampassé d'azur* (Sceau 1384). Alias : *Écartelé de Rostrenen* (Sceau 1482). Devise : HEB CHENCH (SANS VARIER).

XII.

Marguerite DE ROSTRENEN, fille et héritière principale de PIERRE VIII DE ROSTRENEN, était, lors de la mort de son père, déjà mariée à Jean, sire du Pont-l'Abbé, fils d'Hervé IV, baron du Pont-l'Abbé, et de Marie de Rosmadec. C'est ce que prouve « le minu des terres et héritages de deffunt noble
» homme et puissant messire Pierre, sire de Rostrenen, décédé
» le tresiesme jour d'aust l'an mil quatre cent quarante, et
» desquelz étant scituez en la chastellenie de Ꝃahès, baillé
» par nobles et puissants Jean du Pont et damoiselle Margritte
» de Rostrenen, sa compaigne, seigneur et dame de Rostrenen,
» présenté par Jan du Troff (1), curateur et garde du dit sieur
» de Rostrenen et du Pont, à Yvon de Launay, recevour de

---

(1) du Treff : *d'argent au sanglier de sable, couronné de même.*

» Kahès pour le Duc mon souverain, pour l'employ au faict
» de son compte, à cause du rachapt du dit deffunct de Ros-
» trenen. » (Archives de la Baronnie.)

Après le dénombrement d'une infinité de convenants, rentes,
chefrentes, dans les paroisses de Moellou, de Plouguernével,
de Plounévez-Quintin, Glomel, Paule, Carnoët, etc., il est
dit que la dame de Rostrenen *(Jeanne du Guermeur)*, jouit
d'un tiers pour son douaire. On y voit aussi que « le Duc fait
remise d'un tiers des droits de rachat à Jean du Pont et à sa
femme, et qu'ils ont payé l'autre tiers à Geoffroy Le Ferron,
trésorier et receveur général de Bretaigne, sauf à sçavoir de
plus ou de moins selon le mandement de mon dit souverain
seigneur remis à icelluy. »

Jean du Pont-l'Abbé figure en toute grande occasion dans
l'histoire de Bretagne, voici les principales :

On le voit, en 1441, au couronnement du duc Françoir Ier; à
la guerre de Normandie, en 1449; aux États de Vannes, en
1451, comme Banneret, où il dispute la préséance au vicomte
de Coëtmen (H. II. 2, 27, 43. Pr. II. 1565). Il maintint ses prétentions aux États de 1455, pendant lesquels il assista au
mariage de Marie de Bretagne avec Jean II de Rohan (1).
(Pr. I. 1669. H. II. 56.) Il assista, en 1457, à l'entrée du Duc
Arthur III (le Connétable Arthur de Richemont) à Rennes, et
devint vers ce temps le tuteur des enfants de Louis I de Rohan-
Guémené et de Marie de Montauban (H. II. 63, Pr. II. 1730,
1735); il suppléa même son pupille aux États de Vannes, en
1462 (H. II. 79). Il accepta d'être l'ambassadeur de Louis XI
près du Duc de Bretagne, en 1461, et près des États de Dinan,
en 1464 (H. II. 76, 85). Ce qui ne l'empêcha pas de prendre part
en 1465 à la ligue du Bien-public (*id.* 93). Il fut nommé, en 1470,
tuteur de Jean II, vicomte de Rohan (*id.* 113). Il ratifia, en 1475,
le traité de Senlis (*id.* 129) et mourut en 1480 dans un âge
avancé. (Pr. III, 339, 368). Marguerite de Rostrenen était morte

_____

(1) Ces noces furent faites en la chapelle du château de la Chèze, par messire
Jean Prégent, Évêque de Saint-Brieuc.

depuis le 20 mars 1456. Ils eurent huit enfants, d'après une
généalogie manuscrite que j'ai trouvée à la bibliothèque nationale (fr. 20, 273, pages 54 et 55).

1. PIERRE, baron du Pont et de Rostrenen, dont l'article
va suivre :

2. Vincent du PONT, tué à la bataille de Saint-Aubin-du-
Cormier, l'an 1488, avec son frère aîné.

3. Charles du PONT, seigneur de Pomblanc, mari de Jeanne
de Plusquellec, fille de Morice de Plusquellec, héritière de
la branche aînée de sa maison; elle lui apporta la seigneurie
de Plusquellec. Leur fils Olivier du Pont, seigneur de Plusquellec, dont il est parlé plus d'une fois dans l'histoire, mourut
sans postérité. Marguerite, sa sœur aînée, devenue héritière,
épousa à Auray, le 30 décembre 1497, Henri de Rohan, seigneur
de Landal, fils de Louis II de Rohan, seigneur de Guémené,
et de Louise de Rieux, et en 2mes noces, elle épousa François
de Tournemine, seigneur de la Hunaudaye.

Jeanne du PONT (1), seconde fille de Charles et de Jeanne
de Plusquellec, épousa François Anger, seigneur du Plessis-
Angier, etc., fils aîné de Jean Anger et de Mahaud de Maillé.
(1475) (2).

---

(1) Que d'erreurs dans du Paz ! Il dit Charles, Jeanne, fille de celui-ci, et Marie,
enfants de Pierre du Pont-l'Abbé et d'Hélène de Rohan, tandis que Charles et Marie
sont frère et sœur de Pierre, et que Jeanne en est la nièce.

(2) « Le dit François Anger, seigneur du Plessis-Anger, de Montrelais, du Guéau-
voyer, de la Seneschalière, de la Clarté, de Brétignoles et de la Fresnaye, fut, dit
du Paz, vaillant et sage chevalier, capitaine de Redon, et maistre des gardes du duc
François, second du nom. Il s'esmeut avec les barons et autres seigneurs Bretons
contre le trésorier Pierre Landais à cause de ses méchancetés et insolences intolé-
rables à raison de quoy furent ses biens, terres et héritages saisis et confisqués ;
mais Landais ayant esté exécuté de mort, le duc le remit aussi, et réintégra en tous
ses biens, honneurs et dignitez, grades, estats et offices et se confiant ès sens, vaillance, bonne conduite, loiauté et diligence d'iceluy François Anger, son bien aimé
et féal Chambellan, seigneur du Plessis-Anger, il l'institue capitaine de Hennebont
par ses lettres données à Nantes, le 25e de juillet, l'an 1487. Il mourut à Redon audit
an, le 29e jour du mois d'aoust, et Jeanne du Pont, sa vefve, le sixième jour du mois
de septembre ensuivant fut receüe par la court de Nantes à la garde et curatelle de
Jean, Marie et Gillette Anger, ses enfants mineurs, et dudit François ; Jean, vicomte
de Coetmen et de Tonquédec, leur parent, et Jean de Coesquen, sire dudit lieu,
grand maistre de Bretagne, se constituanz plèges et cautions de la dite Jeanne
du Pont. » (DU PAZ.)

4. René du Pont, archediacre de Plogastel, que nous retrouverons bientôt.

5. Alain du Pont fut d'Esgliso.

6. Joanne du Pont espousa Jean de Coëtmen, baron de Coëtmen, vicomte de Tonquédec.

7. Marie du Pont espousa Jean de Malostroit, seigneur de Kaer, du Plessix et de Kambourg, second fils (d'après du Paz) de Jean de Malostroit et de Joanne de Trémédorn).

8. Catherine du Pont espousa Olivier du Chafaut, 1475.

XIII.

ROHAN-GUÉMENÉ :

Écartelé aux 1 et 4, de Navarre et d'Évreux, aux 2 et 3 de Rohan.

PIERRE, baron DU PONT-L'ABBÉ et DE ROSTRENEN, a une place considérable dans l'histoire de cette époque. Il avait épousé, suivant contrat du 19 décembre 1454, Hélène de Rohan-Guémené, fille de Louis I, de Rohan, sire de Guémené, et de Marie de Montauban. Dans les montres de la noblesse, furent mis à la tête de l'évêché de Cornouailles, le sire du Pont, Bertrand de Lanros et Yvon de Tréanna. (Les dites commissions données à Nantes, le 24 juin 1481.) (Pr. III, 402.)

Nous arrivons à l'époque où se voit un fait considérable pour la baronnie de Rostrenen. Pendant que son beau-frère, Louis II de Rohan, sire de Guémené, rebâtissait le château de Guémené, Pierre, baron du Pont et de Rostrénen, relevait l'Église seigneuriale de Rostrenen (1), et construisait la pyramide hardie et fière qui la couronnait autrefois ; et il la faisait ériger en collégiale, en l'honneur de Notre-Dame du Roncier, par une bulle du pape Sixte IV, datée du 27 août 1483. (Archives de la Baronnie) (2).

---

(1) Kergrist-Moellou était l'église paroissiale de Rostrenen.

(2) On la trouvera aux pièces justificatives. Cependant Dom Lobineau dit : « L'origine de la Collégiale de Rostrenen n'est pas connue, et les historiens de Bretagne ne nous apprennent rien touchant l'époque de sa fondation. » (Église de Bretagne, p. 111.) Mais il n'avait pas vu les archives de la Baronnie de Rostrenen où elle se trouve en double.

Le premier doyen de cette nouvelle Collégiale fut Ronan ou
Roné de Coëtmeur, appelé également Roné du Pont, quatrième
frère du baron du Pont et de Rostrenen, et fils comme lui de
Jean du Pont-l'Abbé et de Marguerite de Rostrenen. Roné
du Pont, envoyé par le Duc en cour de Rome, en rapporta la
bulle. On y voit qu'il fut le premier doyen de la Collégiale de
Rostrenen et qu'il fut dispensé de la résidence obligatoire
pour ses successeurs. Personnage important, il figure dans
le deuil de Charles VIII, et dans la transaction du Prince
d'Orange avec le feu duc François II, son oncle, pour le partage de Catherine de Bretagne, sa mère, le 22 avril 1496. Il y
signe comme maître des requêtes. Également au contrat de
mariage de Louis XII, roi de France, avec la duchesse de
Bretagne, veuve du roi Charles VIII, il signe : Roné du Pont,
archidiacre de Plougastel, maistre des requestes et conseiller
ordinaire de Bretagne. 14 janvier 1498. (D. Morice, Pr. III,
p. 815). — Sa signature se trouve encore, en 1499, au contrat
qui maintient les droits et privilèges du pays.

Parmi les grands évènements de Bretagne où Pierre, baron
du Pont et de Rostrenen, joue un rôle très considérable, ce fut
la ligue des seigneurs contre Pierre Landais, favori et ministre
tout-puissant du duc François II; « Ce ministre insolent, dit
Dom Morice, abusant plus que jamais de l'ascendant qu'il avait
sur l'esprit de son maitre, ne gardait plus de mesures : il dis-
posait de tout souverainement : et tout pliait sous l'autorité
du favori. La noblesse, indignée, murmurait en secret ; la mort
de Chauvin avait achevé de la révolter; mais le pouvoir de
Landais était si bien établi, et la crainte que l'on avait de ses
ressentiments était telle, que personne n'avait osé remuer. »

Jean de Châlons, prince d'Orange, neveu du Duc, qui était
alors à sa cour et qui était mécontent de l'opposition de Landais
au mariage de l'archiduc Maximilien avec la princesse Anne,
qu'il venait traiter, se joignit à la conspiration des seigneurs.
« Le 7 avril 1484, jour fixé par eux, le prince d'Orange, le
maréchal de Rieux, le sire de Guémené, les sires du Pont,

3

de Coëtmen, Angier, de La Chapelle, du Perrier, Le Moyne, etc., qui tous avaient été fort attachés au chancelier Chauvin, entrèrent sur le soir au château de Nantes avec des armes cachées sous leurs habits, et, fermant toutes les issues, pénétrèrent dans l'appartement du Duc : alors, mettant un genou en terre, ils accusèrent Landais d'avoir dissipé les finances, d'avoir emprisonné, fait mourir des innocents, d'avoir aliéné l'esprit du Duc et de ses meilleurs sujets, et de ceux qui, par leur naissance, avaient droit à son amitié et à sa confiance.

Mais Landais étant parvenu à s'échapper, le Duc le fit bientôt revenir près de lui. Les seigneurs se retirèrent à Ancenis qui appartenait au maréchal de Rieux.

Le Duc, plus que jamais gouverné par son favori qui voulait se venger avec éclat des seigneurs ligués, rendit un arrêt (21 mai 1484), par lequel il déclara tous leurs biens confisqués, défendit à ses sujets de leur donner aucun secours, et ordonna de leur courir sus, comme criminels de lèze-Majesté; il fit abattre les maisons et dégrader les bois de plusieurs de ces seigneurs (Pierre du Pont-l'Abbé est cité), ordonnant de les couper à sept pieds de haut. Des montres générales furent annoncées pour le mois d'octobre, et on se disposa à mettre le siège devant Ancenis. Alors les seigneurs proscrits eurent recours au roi de France, Charles VIII, qui venait de succéder à Louis XI, pendant que Landais, habile politique, faisait le Duc attirer à sa cause le duc d'Orléans, dont il savait le mécontentement contre Madame de Beaujeu, dont la Régence venait d'être confirmée par les États de Tours ou plutôt la tutelle et principale administration dans les affaires.

Madame de Beaujeu prêta l'oreille aux propos des seigneurs Bretons révoltés. Un traité fut signé à Montargis, le 22 octobre 1484, par le prince d'Orange, les sires de Rieux, du Perrier, Pierre de Villeblanche et Jean Le Bouteiller. Ce traité, où ces seigneurs, n'écoutant que leur ressentiment contre Landais, eurent le tort de disposer de la succession du Duc en faveur du roi de France, montre assez jusqu'où la passion peut entrainer ; mais il ne déconcerta pas Landais qui noua des intelligences avec le duc d'Orléans et le comte de Dunois contre Madame de Beaujeu ; cette habile princesse les rompit adroitement. Landais se tourna alors du côté de l'Angleterre et s'offrit d'aider le comte de Richemont à rentrer en Angleterre, lui promettant des vaisseaux et des troupes, à condition qu'il l'aiderait ensuite contre la France et les seigneurs ligués contre lui. Mais Landais ne tarda pas à trahir ce prince qui, sachant que Landais était un scélérat capable de tout, parvint à se sauver de Bretagne, et aborda au pays de Galles, en août 1485, livra bataille à Richard III qui fut tué, et il fut proclamé roi d'Angleterre sous le nom de Henri VII. Cependant Landais ne perdant pas de temps pour pousser vivement ses ennemis, assembla à Nantes une armée dont il donna le commandement au sire de Coëtquen, grand maitre de Bretagne, et la fit partir le 24 juin pour le siège d'Anconis, dont le château appartenait au maréchal de Rieux. Celui-ci, averti, assembla ses troupes et rencontra celles que conduisaient le prince d'Orange, Lescun, La Hunaudaye, Mauro, du Chastel, Kermavan, Plusquellec, Faouët, Plœuc, Tyvarlen, Molac et Kerouzéré. Quand les deux armées furent en présence, quelques-uns des seigneurs des deux partis réfléchirent qu'ils étaient la plupart parents et amis : ils eurent horreur du sang qu'on allait verser ; et, se rapprochant de part et d'autre, ils s'embrassèrent et reconnurent d'un commun accord que Landais était l'unique cause de tous les malheurs de la Bretagne ; sa perte fut jurée, les deux armées se réunirent, et il fut résolu que les seigneurs du parti de Landais se retireraient vers le Duc, pour l'engager à chasser son favori. » (D. Morice, II. II, 153.)

Landais averti fut au désespoir et commanda au chancelier Chrétien de Trévenouc d'expédier des Lettres-patentes par lesquelles étaient déclarés coupables de lèse-Majesté tous les seigneurs, capitaines et gentilshommes qui s'étaient joints à l'armée des ligués. Le Chancelier refusa son ministère, et tint ferme contre ces menaces ; alors le sire du Pont fut député

pour le sommer d'arrêter Landais et lui faire son procès.
Le Chancelier donna un décret de prise de corps contre
Landais ; le peuple accourut en foule au château qu'il cerna
de tout côté. Landais ne pouvant s'échapper par aucune issue
se réfugia dans la chambre du Duc qui, effrayé de cette
rumeur, envoya le Comte et le cardinal de Foix pour apaiser
le peuple ; mais ils furent en danger d'être étouffés et eurent
mille peines à regagner la chambre du Duc. — Monseigneur,
lui dit le comte de Foix en entrant, je vous jure Dieu que
j'aimerais mieux estre Prince d'un million de sangliers que
de tel peuple que sont vos Bretons. Il vous faut de nécessité
livrer votre trésorier ; autrement nous sommes tous en danger.
Le Chancelier dit aussi au Duc qu'il était contraint d'arrêter
le trésorier, qu'il le suppliait de ne pas s'y opposer. —
Comment Chancelier, dit le Duc, pourquoi veult donc mon
peuple que vous le pregniez ? Quel mal a-t-il fait ? — Le
Chancelier répondit que Landais était accusé de plusieurs
crimes dont il était peut-être innocent ; que lorsqu'il serait
arrêté le peuple pourrait s'apaiser ; qu'au reste, on ne lui ferait
aucune injustice. — Le Duc alla alors prendre Landais par la
main et dit au Chancelier : — Je vous le baille, et vous
commande sur votre vie que vous ne souffriez aucun grief lui
estre fait hors justice. Il a esté cause de vous faire chancelier,
et pour ce soyez lui ami en justice. — Landais sortit du
château au milieu du Chancelier et de du Pont. Tout le peuple
qui était accouru faisait éclater sa joie par des cris, des huées
et des insultes. On fut obligé de faire ranger en haie les
archers de la garde, pour empêcher qu'il ne fût déchiré. »
Tout ce récit est emprunté à Dom Morice. Sitôt après le
supplice de Landais, pendu le 9 juillet suivant, le sire du Pont
et les autres seigneurs conjurés vinrent se jeter aux genoux
du Duc, et le comte de Comminges qui portait la parole, lui
représenta que les seigneurs n'avaient rien fait contre l'État,
ni contre sa personne, pour laquelle ils étaient prêts de verser
leur sang ; qu'ils ne s'étaient unis entre eux que pour n'être
pas les victimes d'un ministre insolent, qui abusait de la

confiance de son maitre pour ruiner la noblesse, écraser
le peuple, et renverser l'État. Le Duc, touché de ces remontrances, cassa l'arrêt du mois de mai qui flétrissait ces
seigneurs ; et, par un édit du 13 août, il les rétablit dans leur
honneur et dans leurs biens ; il ordonna même que les fruits
leur seraient restitués, et que le dommage causé par la dé-
gradation des bois leur serait réparé, et payé de ses finances. »

Ce prince ne se contenta pas de leur pardonner, il combla
de biens la plupart d'entre eux.

Les années qui suivirent furent des temps de troubles et de
confusions.

Nous retrouvons Pierre du Pont, en 1487, dans la ligue des
seigneurs contre le Duc entièrement gouverné par des
étrangers : le duc d'Orléans (plus tard Louis XII), le prince
d'Orange, le Comte et le cardinal de Foix, les comtes de
Dunois et de Comminges disposaient souverainement de tout.
Les seigneurs envisageaient la retraite et les secours que le
Duc accordait au duc d'Orléans et à ses partisans, comme la
cause d'une guerre qui allait ruiner la Bretagne de fond en
comble. » (D. Morice H. II, 164.) Les seigneurs firent alors à
Châteaubriant une association pour contraindre le Duc à
chasser tous les étrangers dont il était obsédé.

Pierre du Pont-l'Abbé signa cette alliance avec le vicomte
de Rohan, le maréchal de Rieux, le comte de Laval, François
de Laval, Pierre de Rohan, sire de Quintin, Rolland de
Rostrenen, etc.

Mais quand le Duc vit la guerre commencée contre la
Bretagne par la régente Anne de Beaujeu, et se trouva dans
un immense péril, il eut la consolation de voir les seigneurs
ligués contre lui accourir à son secours, car ils frémissaient
en voyant le duché devenir une province de France.

Le Duc, épuisé de ressources, fit de nouvelles levées et leur
donna rendez-vous à Rennes, où se rendirent le duc d'Orléans

avec le prince d'Orange, les sires d'Albret, de Rieux, de Châteaubriant, de Léon, fils ainé du vicomte de Rohan, du Pont-l'Abbé, etc. — L'armée se trouva forte de 400 lances, de 8,000 hommes de pied, de 800 allemands, et de 7 à 800 anglais ; mais tant de dissensions, et si peu d'unité régnaient dans eux, qu'en allant combattre l'armée du Roi, forte et bien conduite, on était assuré d'être vaincu. »

La bataille de Saint-Aubin-du-Cormier, livrée le 28 juillet 1488, fut funeste aux Bretons, malgré leur vaillance.

Après une atroce mêlée ils furent contraints de plier, laissant cinq mille cinq cents morts sur la place ; les Français, commandés par la Trémouille, en perdirent quinze cents. Le duc d'Orléans et le prince d'Orange furent faits prisonniers. Là périrent le sire de Léon, fils ainé du vicomte de Rohan (1), Pierre, baron du Pont et de Rostrenen, Vincent du Pont, son frère (2), la Roche-Jagu, etc.

Hélène de Rohan, veuve de Pierre, ne mourut qu'en 1507. Leurs deux enfants furent Jean III du Pont-l'Abbé qui suit et Louise (3).

Louise fut mariée par contrat du 21 octobre 1492, à Tanguy, sire du Chastel, fils ainé d'Olivier du Chastel et de Marie de Poulmic. Elle mourut avant 1501, puisque Tanguy du Chastel épousa, en secondes noces, à cette date, Marie du Juch, ayant de son premier mariage une seule fille que bientôt nous retrouverons.

---

(1) Fils de Jean II, vicomte de Rohan, et de Marie de Bretagne, né en 1469. Il n'avait donc que dix-neuf ans.

(2) C'est une erreur de prénom, lorsque nous voyons Louis de Pont-l'Abbé, en 1481, chambellan et conseiller du Roy, et capitaine de cent lances, et dont le sceau porte un écartelé au 1 et 4 d'un lion rampant, et au 2 et 3 d'hermines à trois fasces. Il faut lire Vincent au lieu de Louis.

(3) Comment du Paz a-t-il encore donné pour enfants à Pierre et Hélène de Rohan, Charles, mari de Jeanne de Plusquellec, Marie et Jeanne, tous du degré précédent. Et que d'auteurs ont répété cela après lui !

La généalogie que j'ai trouvée à la Bibliothèque nationale (salle des manuscrits fr. 20, 273, p. 54 et 35), dit positivement que les deux enfants de Pierre, baron du Pont et de Rostrenen, et d'Hélène de Rohan, furent Jean III et Louise.

XIV.

JEAN III, baron du PONT et de ROSTRENEN n'avait point atteint sa majorité, lorsque son père mourut, ainsi qu'on le voit dans la pièce intitulée : « Opposition formée par le baron de la
» Hunaudaye au rang pris par celui du Pont-l'Abbé, dans le
» Parlement de Vannes, le 20 février 1493, « haute et puissante
» damoiselle Hélène de Rohan, dame du Pont et de Rostrenen,
» comme tutrice et garde de haut et puissant Johan, sire du
» Pont, son fils, seigneur desdits lieux, a par Pierre Guil-
» laume son procureur apparu une lettre et mandement patent
» du Roy nostre sire, contenant que ledit sire a créé et érigé
» lesdits sires du Pont et de Rostrenen, en nom et titre de
» baronnie, et voulu et ordonné que doresnavant icelui sire
» du Pont et de Rostrenen et ses successeurs soient nommés,
» dits, tenus, consez et réputés barons d'icelle seigneurie de
» Pont-l'Abbé pour eux en jouir et user d'illec en avant per-
» pétuellement et à toujours en tout droit de noblesse appar-
» tenant à estat de baron, autoritez, privilèges, prérogatives,
» prééminences, tant en fait de guerre, assemblées d'Estats,
» assistance, entrée et fréquentation en la cour de céans, et
» autres assemblées et convocations qui seront faites en ce
» dit pays et ailleurs; et en iceux avoir lieu et place prochain
» et immédiat après les sires de Derval, Malestroit et Quintin :
» recours esdites lettres qui sont données à Amboise au mois
» de décembre derroin. »

Jean III du Pont-l'Abbé figure au deuil de Charles VIII, (D. Morice, Pr. III, p. 793) — donne plus tard, le 12 décembre 1498, son consentement, en qualité de proche parent, au mariage de noble et puissant François du Chastellier avec Jeanne de Rohan, fille de Louis seigneur de Guémené et de Louise de Rieux.

Tous les auteurs s'accordent à donner la date de l'an 1500,

au mariage de Jean du Pont-l'Abbé avec Catherine de Brosse, fille de Jean II de Brosse, vicomte de Bridiers, et de Louise de Laval (1).

Vers cette même époque, nous trouvons dans le compte du Trésorier général de Bretagne : « à Monsieur du Pont, 750 livres de pension. » 1501-1502. (Pr. III, 857.)

Il mourut en 1508, et fut inhumé aux Cordeliers de Quimper (2). Il ne laissait qu'une seule fille.

XV.

Louise du PONT-L'ABBÉ, fille unique de Jean et de Catherine DE BROSSE, devint, à la mort de son père, baronne du Pont et de Rostrenen, ainsi que le prouve le minu du 2 octobre 1508 :

« de la part de haute et puissante damoiselle Louise du Pont,
» afin de parvenir à l'éligement du rachat acquis au domaine
» par la mort de haut et puissant Jean, baron du Pont et de
» Rostrenen. » (Archives de la Baronnie.)

DE FOIX :

Écartelé aux 1 et 4 : d'or à trois pals de gueules, qui est Foix ; aux 2 et 3 : d'or à deux vaches de gueules, accolées et clarinées d'azur, qui est BÉARN.

Elle épousa, en 1517, le prince Pierre DE FOIX, baron de Langon, fils puîné du prince Gaston de Foix, deuxième du nom, comte de Candale et Captal de Buch, lieutenant-général, en 1487, au gouvernement de Guyenne, sous Pierre de

(1) Voici la descendance de Catherine de Brosse, de Charles de Blois et de Jeanne de Penthièvre, l'un tué à la bataille d'Auray, 29 septembre 1364, et l'autre morte le 10 septembre 1384, d'où :

1. Jean DE BLOIS, 1384 à 1404,— avait épousé, le 20 janvier 1388, à Moncontour, Marguerite de Clisson, fille du Connétable, d'où :

2. CHARLES, sire d'Avaugour (3e fils) épousa Isabeau de Vivonne.

3. Nicole DE BLOIS, leur fille, 1454-1465, héritière des deux frères aînés de son père, morts sans postérité, épousa, en 1437, Jean de Brosse, vicomte de Bridiers, seigneur de Boussac † 1485, et Nicole, sa veuve, ratifia le 20 octobre suivant, la cession de ses droits sur la Bretagne, d'où :

4. Jean II DE BROSSE, vicomte de Bridiers, seigneur de Boussac et de L'Aigle, marié en 1468, à Louise de Laval, fille de Guy XIV et d'Isabeau de Bretagne, d'où entre autres enfants, Catherine, femme de Jean III, baron du Pont et de Rostrenen.

(2) M. le Président Trévédy, lettres sur la baronnie du Pont-l'Abbé, 1888.

Bourbon, et Catherine de Foix, laquelle était fille puinée de Gaston II, comte de Foix, et de Léonore d'Aragon, reine de Navarre, et sœur de Marguerite de Foix, duchesse de Bretagne, mère de la duchesse Anne, deux fois reine de France. Louise du Pont-l'Abbé devint par ce mariage belle-sœur d'Anne de Foix qui avait épousé, le 6 mars 1509, Ladislas de Pologne, roi de Bohême et de Hongrie.

Je n'ai encore trouvé dans aucun auteur la date de la mort de Pierre de Foix. Quant à sa femme, elle mourut en décembre 1526 (archives de la baronnie), et sans postérité, laissant ses baronnies à son héritier Jean du Quélennec, petit-fils de Louise du Pont-l'Abbé, sœur de son père, et femme de Tanguy du Chastel.

Avant de passer aux du Quélennec, vicomtes du Faou, qui succédèrent aux du Pont-l'Abbé dans les baronnies du Pont et de Rostrenen, jetons un coup d'œil sur ce que la religion et l'archéologie leur doivent, et parlons surtout de la Collégiale de Rostrenen et de la belle église paroissiale de Rostrenen, Kergrist-Moëllou.

Nous laisserons parler l'abbé Daniel, l'auteur d'une petite brochure intitulée la baronnie de Rostrenen (1), laquelle, je regrette de le dire, fourmille d'erreurs pour la partie généalogique; car sa partie archéologique est remarquablement traitée.

« On pourrait peut-être citer la ville de Rostrenen, dit l'abbé Daniel, comme la capitale et la patrie chérie du vandalisme en Cornouaille; du moins serait-il difficile de trouver autant d'exemples de monuments religieux détruits ou mutilés, dans une localité d'une importance seulement égale.

» Trois chapelles, qui étaient autant de monuments du plus pur ou du plus riche art chrétien, toutes trois dignes rivales de l'ancienne église collégiale, sont tombées sous le marteau

---

(1) Saint-Brieuc, Imprimerie de L. Prud'homme, 1867.

de ce vandalisme (1). L'église collégiale elle-même a perdu son chevet gothique ; sa tour (2), couronnée d'une flèche hardie et légère, le plus bel ornement des horizons des montagnes Noires ; ses voûtes et ses arceaux de granit ont été remplacés par une sorte de comble en bois surbaissé et nu comme les dalles de l'église.

» Le portail méridional, du plus sévère et du plus riche gothique que nous offre le xive siècle, a été remanié, rapiécé avec des moulures, des cintres et tout ce qui caractérise le mauvais goût du xviiie siècle dans ses portes cochères. Enfin, son transept si majestueux, avec ses faisceaux de colonnettes, monument de la fin du xiiie siècle, a vu surbaisser les charmantes ogives de ses fenêtres et disparaitre les aiguilles de ses pinacles ou pignons, pour y substituer des combles de granges presque horizontalement inclinées. »

Ajoutons que cette collégiale en grand renom pour la dévotion à Notre-Dame, de temps immémorial, a vu de grands saints, tels que saint Yves et saint Vincent Ferrier, y prêcher la parole de Dieu.

« L'église de Kergrist-Moëllou, siège de la paroisse autrefois, est, sans contredit, continue l'abbé Daniel, un des plus riches joyaux architectoniques de la Cornouaille. Il a fallu que les barons, les juveigneurs et alliés de Rostrenen rivalisassent de bienfaisance et de générosité pour mouler et sculpter en granit une église comme celle de cette paroisse. — Rarement nous avons rencontré des églises dont les murs extérieurs fussent comme ceux de l'église de Kergrist presque littéralement couverts de moulures et de sculptures. »

Cet édifice, à double transept, appartient à la dernière période ogivale de l'architecture religieuse dans nos contrées (commencement du xvie siècle). Comme dans la plupart de nos

---

(1) C'étaient les chapelles de Sainte Catherine, de Sainte-Barbe et de Saint-Antoine.

(2) La tour carrée actuelle de la Collégiale porte la date de 1776. Elle n'a rien que de très prosaïque, comme toutes les œuvres de cette époque.

monuments religieux, ici la face méridionale est l'une des plus remarquables. — Entre le portique méridional et la tour, une petite fenêtre, dont la rose affecte la forme d'une fleur de lys, déguise la nudité du mur et celle du comble. Un peu au-dessus de la clef de voûte de cette fenêtre, un chérubin tient entre les mains l'écusson du donateur de la verrière ou celui du fondateur de l'église.

Le portique méridional ou des apôtres se distingue de la plupart des porches du même style par l'absence des clochetons qui flanquent d'ordinaire les deux jambages de la porte. Cette réforme accuse une construction dont la date touche, dans notre pays, à l'époque de notre dernière transition architecturale, c'est-à-dire 1530 ou 1535 environ. Les contreforts sont ornés de niches trilobées et couronnés de légers clochetons.— Le tympan est percé d'une fenêtre en équerre, laquelle est flanquée de deux écus frustes, ayant pour tenants des chérubins, et jadis, sans doute, blasonnés des armes de Rostrenen.

A l'intérieur, les douze apôtres sont placés à droite et à gauche, sur d'élégants piédestaux; des dais gothiques, couverts de légères sculptures, leur servent de couronnement. — Arrive maintenant le transept méridional, où la profusion des ornements va toujours croissant. La première chapelle est percée d'une magnifique fenêtre géminée. La légèreté, la finesse des meneaux et des roses, accusent une sorte de témérité, les feuilles de choux, qui rampent, en guise de guirlande, sur l'arceau en accolade de cette verrière, sont du plus gracieux effet. Le tympan est lui-même couvert de crochets, d'écussons frustes, de tenants et de supports, et d'une infinité d'autres sculptures, qui toutes rivalisent de délicatesse et d'élégance avec la fenêtre elle-même. Dans le vitrail, nous avons remarqué les armes dont le détail suit : 1° Coupé au premier, *d'or à deux vaches de gueules*, au deuxième, *d'or à trois pals de gueules, de six pièces,* deuxième *d'hermines à trois fasces de gueules* (c'est-à-dire Béarn, Foix, Pont-l'Abbé et Rostrenen).

La façade septentrionale, souvent d'une grande pauvreté
dans la plupart de nos églises, a reçu ici quelques décorations.
— Les verrières sont élégantes et en parfaite analogie de style
avec les autres fenêtres. Les roses des deux verrières de la
première chapelle de ce transept sont blasonnées des armes
de nombre de familles alliées à Rostrenen.

Nous avons remarqué aussi de ce côté de l'église une cor-
niche en pierre, sculptée en ceps de vigne, d'une délicatesse
admirable. Les feuilles se détachent en plein relief et ne
tiennent à la pierre que par les extrémités des tiges, qui ser-
pentent gracieusement sous les grappes. — Un bacchus tenant
entre ses mains les attributs de la gourmandise, y fait aussi
l'office de gargouille. — Plusieurs animaux y ont encore reçu
du caprice de l'ouvrier la même destination.

La tour a environ quarante mètres de hauteur : ses contreforts, décorés de petites niches, sa pyramide garnie de
crochets et déguisant sa base derrière un groupe de pinacles
hardis et de légers clochetons; ses parapets découpés en
larmes, sa porte de procession ornée de guirlandes de fleurs
à quatre pétales, et d'une foule d'autres ornements aussi riches
qu'harmonieux, placent ce monument au nombre des plus
riches bijoux de l'architecture de transition dans nos contrées.

Si, maintenant, nous pénétrons dans l'intérieur de l'église
de Kergrist, notre première admiration fait place, nous
l'avouons, à un sentiment de tristesse qu'il nous sera
facile de justifier. En voyant, en effet, ces murs de granit
badigeonnés de haut en bas, ces énormes cloisons de bois
qu'on appelle les autels, qui obstruent et voilent les verrières
maçonnées et les plus coquettes lignes architecturales du
monument, qui ne regretterait avec nous qu'on ait adopté
pour la décoration intérieure de cette église tous les caprices
et toutes les plus variables modes des XVII° et XVIII° siècles.

Le seul débris qui subsiste encore de l'ancien mobilier de
l'église de Kergrist, est un autel de pierre adossé au pilier du

transept méridional. Cet autel et sa crédence sont de véritables bijoux de l'époque la plus brillante qui a précédé la Renaissance.

Enfin, il n'est pas jusqu'au cimetière qui n'ait ici ses merveilles. — Des ifs séculaires, dont le diamètre est de deux mètres environ, ombragent l'église qu'ils ont vu bâtir et attestent, par leur antiquité, que le monument que nous venons d'admirer y a été précédé par un autre plus ancien, et que le passage des siècles avait sans doute conduit à la décrépitude.

Sous l'herbe du cimetière et sur un ancien piédestal, apparaissent aussi les débris d'un calvaire, qui, jadis, était une représentation détaillée de la vie et de la mort de Notre-Seigneur Jésus-Christ. — Tous les sujets sont en Kersanton et d'une correction de style qui ne manque pas de mérite.

Le piédestal a été respecté et subsiste encore dans un parfait état de conservation. Il affecte une forme octogonale. Pour déguiser la nudité de ses faces, on y a figuré des arcatures, dans le style de l'église. Sur une de ces faces, nous avons relevé l'inscription qui suit : — *En l'an 1578, Cᵉ Fovel*; sur une autre, se voit un écu fruste; c'est sans doute celui du baron de Rostronen, ou bien encore, celui du donateur du monument (Toussaint de Beaumanoir était alors baron de Rostronen). (Abbé Daniel.)

A ces détails archéologiques, j'ajouterai que je crois Louise du Pont-l'Abbé, la dame de Foix, une des personnes à qui l'église de Kergrist est le plus redevable. Ses armes sont là pour le dire : Foix et Rostronen, les plus dominantes et les plus répétées dans ce remarquable édifice, et peut-être lui appartient-il tout entier.

Mais reprenons la suite des barons de Rostronen.

TROISIÈME PARTIE.

Les du Quélennec, vicomtes du Faou, barons du Pont-l'Abbé et de Rostrenen.

D'hermines au chef de gueules, chargé de trois fleurs de lys d'or.

XVI.

1° JEAN DU QUÉLENNEC, fils de noble et puissant Charles du Quélennec, vicomte du Faou, et de Gillette du Chastel, épousée le 7 février 1517, n'avait plus sa mère lorsque mourut la dame de Foix, baronne du Pont et de Rostrenen, et c'est par elle qu'il hérita de celle-ci.

Dans la curatelle de Louis de Rohan, sire de Guémené (1), le 29 juillet 1527, Charles du Quélennec figure comme suit :

« *Noble et puissant Charles du Quélennec, vicomte du Fou, seigneur de Quélennec, garde naturel de haut et puissant Jean du Quélennec, baron du Pont et de Rostrenen, cousin dudit sire de Guémené, enfants néz de germains. (Pr. III, 972).* »

Encore au contrat de mariage passé au château de Villancher, le 18 mai 1529, entre ce même Louis de Rohan, sire de Guémené, et Marguerite de Laval, on trouve : *Louis de Malestroit,*

---

(1) Fils de Louis de Rohan, sire de Guémené, et de Marie de Rohan.

seigneur de Pontcallec, Louis de Bouteville, seigneur du Faouët, Charles du Quélennec, vicomte du Fou. (Pr. III, 985).

Mandement pour François du Chastel, seigneur dudit lieu, et pour ALAIN DE ROSMADEC, tuteur et curateur de Jean du Quélennec, portant prohibition de dévoluer le Doyenné de Rostrenen et cure de Mouellou étant en la présentation du seigneur de Rostrenen. (Arch. de la Baronnie) 2 janvier 1530.

DE MAURE :

De gueules au croissant de vair (sceau 1298). Comtes de Maure, barons de Lohéac, fondu en 1600 dans Rochechouart.

Jean du Quélennec, épousa en 1538, Jeanne de Maure, fille aînée de haut et puissant François, comte de Maure, et de sa première femme, Hélène de Rohan.

La dite Jeanne, dit du Paz, eut en mariage les terres et seigneuries du Bourg-Neuf, de la Clarté, de Brétignoles et de la Fresnaye, et autres jusques à la concurrence de deux mille livres de rente.

On peut voir aux pièces justificatives, l'aveu que rend le 31 octobre 1548 (1), à la barre et juridiction royale de Carhaix, haut et puissant Jean du Quélennec, baron du Pont et de Rostrenen, vicomte du Fou et de Coëtmeur, sire du Quélennec, du Ponthou, pour ses terres, rentes, chefrentes, droits héritels, seigneuries, prérogatives, fiefs, privilèges, prééminences et autres droits de la baronnie et seigneurie de Rostrenen.

Son testament (2) est daté du vingtième jour d'août l'an 1553, par cet acte il choisit sa sépulture en l'église de Rostrenen au lieu où les feus seigneurs du Pont et de Rostrenen, ses prédécesseurs, sont inhumés.

Il mourut au même mois et an, au château de Quintin, laissant trois enfants qui seront mis au degré suivant.

SÉVIGNÉ :

Écartelé de sable et d'argent.

2° Marie du Quélennec, sœur de Jean, épousa à l'âge de 14 ans, le 8 juin 1534, noble et puissant Joachim de Sévigné, seigneur de Sévigné et de Tréal, des Rochers, etc., fils de Christophle, baron de Sévigné, seigneur des Rochers, de

---

(1) Archives de la Baronnie.

(2) du Paz, p. 652.

Tréal, Vignou, Bodogat, du Buron, et de Renée de Baraton d'Ambrières (1). Ils eurent pour arrière-petite-fille, Madame de Sévigné. Les terres que Marie apporta en partage furent la baronnie de Crêpon, en Normandie, et la seigneurie de La Roche-Helgomarc'h, en l'évêché de Cornouailles.

XVI.

1. CHARLES DU QUÉLENNEC, baron du Pont et de Rostronen, vicomte du Faou, seigneur du Quélennec, du Ponthou, Carnoët, etc., épousa en 1568, à l'âge de vingt ans environ, la fameuse Catherine L'Archevêque de Parthenay, fille unique de Jean L'Archevêque VI du nom, seigneur de Soubise, et d'Antoinette Bouchard, de la maison d'Aubeterre. Il prit alors le nom de Soubise sous lequel il est dénommé dans les guerres des Calvinistes, ou du moins c'est sous ce nom qu'il figure dans tout le cours de la seconde et de la troisième guerre civile.

DE PARTHE-NAY :

Sgrs dudit lieu en Poitou, de Soubise en Saintonge, de Mathefélon en Anjou. *Burelé de dix pièces d'argent et d'azur.*

Il est triste de rencontrer dans ce parti plusieurs des grands noms de Bretagne parjures à leur foi.

En 1568, Charles du Quélennec souleva le Périgord.

A la bataille de Jarnac, il fut fait prisonnier, mais s'évada. La Noue, dit Bras-de-fer, célèbre capitaine calviniste, ayant reçu au siège de Fontenay-Le-Comte, en 1570, la blessure qui entraîna la perte de son bras, Soubise (Charles du Quélennec), qui l'avait remplacé dans le commandement en chef, s'empara de la place et reçut deux blessures au siège de Saintes dont il s'était emparé, commandant un jour par intérim l'armée protestante. Il fut tué à la Saint-Barthélemy, dans la cour du Louvre, où appelé traîtreusement

---

(1) Le Laboureur. Hist. du Mal de Guébriant. — Page 80 des généalogies.

il s'était rendu armé. Il se défendit comme un lion et tomba percé comme un crible, âgé de 25 ans, sans postérité.

Pour ce dernier motif, la mère de Catherine de Parthenay lui intentait un odieux procès de séparation, que semblent démentir de la part de Catherine les élégies qu'elle composa sur la mort de son mari. Elle se remaria avec René II, vicomte de Rohan, fils de René I, vicomte de Rohan, baron de Frontenai, et d'Isabeau d'Albret (sœur du Roi de Navarre) (1).

Née au château du Parc, en Poitou, le 22 mai 1554, ce fut là qu'elle mourut le 26 octobre 1631.

Beaucoup d'actes sur Charles du Quélennec se trouvent dans les archives de la baronnie. Ce fut au commencement de son avènement aux baronnies du Pont et de Rostrenen, sitôt après la mort de Jean, son père, que fut enregistrée au Parlement de Rennes, le 23 septembre 1555, l'inauguration du Papegault, pour la baronnie de Rostrenen.

Cet amusement était institué pour former de bons tireurs, et conférait au vainqueur, *le Roi de l'arquebuse*, certaines immunités et privilèges pendant l'année.

2. JEANNE DU QUÉLENNEC, sœur de Charles, fut mariée à Jacques de Beaumanoir, vicomte du Besso.

3. MARIE épousa N. d'Entragues (2).

---

(1) Le contrat de mariage est passé à La Rochelle, le 15 août 1575, « entre très haut et très puissant seigneur messire René vicomte de Rohan, prince de Léon, comte de Porhoet, baron de Frontenai, de La Garnache, et de Beauvoir-sur-Mer ; et haute et puissante dame Catherine de Parthenay, veuve de messire Charles du Quélennec, baron du Pont et de Rostrenen, vicomte du Fou, fille unique de messire Jean Larchevêque et de dame Antoinette d'Aubeterre, seigneur et dame de Soubise, de Mauléon, du Parc, de Montchamp et autres lieux. »

(2) Cette seconde sœur de Charles du Quélennec eut la terre de Bourgneuf et autres, par accord fait entre elle et Toussaint de Beaumanoir, son neveu, daté du 25 septembre 1575 (du Paz).

Les Beaumanoir.

D'azur à onze billettes d'argent, 4. 3, 4 (Sceau 1208.)
Devise : BEAUMANOIR, BOIS TON SANG !

XVII.

TOUSSAINT DE BEAUMANOIR, vicomte du Besso, fils de
Jacques de Beaumanoir, vicomte du Besso, et de Jeanne
du Quélennec, sœur de Charles, hérita par sa mère, de son
oncle tué le 24 août 1572, ce qui prouve que Jeanne était morte
avant son frère (1). Cette maison de Beaumanoir est si renommée, qu'il est important de rappeler ici que le chef des
Bretons du combat des Trente fut Jean de Beaumanoir. « C'est
» le héros de son illustre maison, c'est le capitaine des Trente,
» c'est le premier des Beaumanoir; *Bois ton sang !* noble
» devise, criée pour la première fois au combat de Mivoie (2). »
Toussaint de Beaumanoir fut baptisé à Jugon, le 1er septembre
1554. Il devint Chevalier de l'Ordre du Roi, capitaine de
cinquante hommes d'armes de ses ordonnances, et maréchal
de ses camps et armées en Bretagne.

Dans la guerre de la Ligue, il embrassa le parti d'Henri IV,
fut chargé du commandement de toute l'infanterie en Bretagne,
et se signala dans différentes affaires. Le 9 février 1590,
il passa par Rennes à la tête de plus de 300 gentilshommes
de Basse-Bretagne, et d'un grand nombre de cavaliers et

---

(1) « Toussaint de Beaumanoir succéda à son oncle Charles, tué à la Saint-
» Barthélemy, aux baronnies du Pont et de Rostrenen, et autres seigneuries, l'an
» mil cinq cent soixante-douze. » (Du Paz, page 653.)

(2) M. Bizeul : article Beaumanoir. *Biographie bretonne.*

de fantassins, qui allaient rejoindre l'armée du prince de
Dombes au siège d'Anconis.

Ici, laissons parler le journal de ce qui s'est passé à Rennes
et aux environs pendant la Ligue, par maistre Johan Pichart,
notaire royal et procureur au Parlement (D. Morice, Pr. III,
p. 1707).

« Le dimanche 4ᵉ jour de mars au dit an 1590, arriva en
cette ville le dit sieur baron du Pont, blessé au bras gauche
d'un coup d'arquebusade à Anconis, et de laquelle il mourut
depuis. Il estoit accompagné de ses troupes, voyant qu'il lui
avoit empiré ; ce qui fut cause que Chasteaubriand fut pris
par ceux de la Ligue. »

.... « Le samedi 17ᵉ jour du mois de mars au dit an, messire
Toussaint de Beaumanoir, baron du Pont, décéda. C'est une
très grande perte pour le pays de Bretaigne, il n'avoit qu'une
fille ; et par son testament fut arresté qu'elle eust esté conjointe
en mariage avec le fils de M. de La Hunaudaye ; et institua
son tuteur Monsieur de Guémadeuc, son beau-frère. Messieurs
de la Court ayant été invitez d'aller à son service en l'église
de Toussaints, par ledit Sʳ de Guémadeuc et autres parens et
amis du deffunt, donnèrent arrest qu'ils iroient en corps,
sans par ci-après tirer conséquence.... Nous avons receu trois
insignes pertes en moins de quinze jours, scavoir la mort
du sieur baron du Pont, Saint-Malo et Chasteaubriand.

» Le lundi 19, dudit mois de mars audit an, à unze heures
du matin, le corps dudit sieur du Pont fut mené et conduit re-
poser en l'église de Toussaints, où il avoit ordonné son corps
estre mis, jusques au jour d'estre mené et conduit à Rostronan,
et son cœur au Besso, ainsi qu'il est plus amplement dit par
son testament, qu'il fit très catholiquement. Son corps fut
conduit à Rostronan, et son cœur au Besso ; et avant son
partement fut conduit au dit lieu de Toussaints depuis le
logis du sieur du Chesne-Ville-Ami, situé au haut de la rue
Saint-Georges, avec grande solennité du clergé ; et après le

corps marchoint ses domestiques ; et après, la noblesse, où estoient Messieurs de Couasquen, de Montbarot, et autres gentilshommes à grand nombre. Fort loin après marchoint Messieurs de la Court en corps ; après Messieurs du Présidial de Rennes ; et après marchoint les Bourgeois et Eschevins, au-devant desquels y avoit quatre hommes portant hallebardes et voittus de casaques blanches, semées d'hermines, qui sont les casaques des hérauls de la ville, et après un gros de populace marchoit. Cependant furent les portes de la ville fermées, de peur d'inconvénient. Le dit corps est encore audit Toussaints attendant d'estre conduit à Rostrenan ; et tous les jours se dit une messe en ladite église de Toussaints pour le repos de l'âme dudit sieur, pour laquelle messe est payée un escu par jour ; et oultre il donna à la fabrique de ladite église de Toussaints cent escus sol ; comme aussi a fait une infinité d'aultres dons, tant en cette ville, qu'ailleurs en son pays bas. Le corps dudit sieur du Pont fut emmené audit Rostrenan environ le premier jour de septembre ensuivant, bien secrettement et sans grande solemnité (1). »

Toussaint de Beaumanoir avait restauré le donjon du château de Rostrenen et les voûtes du rez-de-chaussée.

Il avait épousé Anne de Guémadeuc, baptisée à Québriac, le 25 novembre 1563, fille de François de Guémadeuc, vicomte de Rézé, grand écuyer héréditaire de Bretagne, et de sa seconde femme, Hélène de la Chapelle, dame de Bouvres, de Plédran, etc.

DE GUÉMA-
DEUC :

De sable au léopard d'argent, accomp. de six coquilles de même (sceau 1270).

Il ne laissait qu'une fille en bas âge, Hélène de Beaumanoir.

---

(1) Cherchez donc dans la collégiale de Rostrenen, récemment restaurée, le moindre vestige des tombeaux de Toussaint de Beaumanoir et de ses prédécesseurs ? Il ne reste plus même l'apparence d'un enfeu, ni de ces tombes élevées de trois pieds, à statues de chevaliers et de dames, décrites dans les prises de possession. Mais pourquoi s'en étonner, puisqu'à Bon-Repos (abbaye célèbre, non loin de là), des ronces et des épines sont les seuls monuments qui recouvrent les cendres des puissants vicomtes de Rohan et de leurs femmes, filles de ducs de Bretagne, ou filles de Roi ? Le voyageur qui vient visiter ces ruines, s'en doute-t-il ? Et s'il le sait, il peut considérer là l'indifférence des hommes et leur esprit de destruction.

XVIII.

Hélène DE BEAUMANOIR, née en 1586, devint, à l'âge de quatre ans, baronne du Pont et de Rostrenen, vicomtesse du Faou, vicomtesse du Besso, et dame d'une infinité de châtel-lenies. Ce fut peu après, en 1592, sur la fin du mois de juin, que son château de Rostrenen fut pris par les royaux, et que l'on y mit pour commander un gentilhomme voisin et vassal, le sieur de Menéhou, Antoine du Quélennec (2) (Hist. de la Ligue, chanoine Moreau). « Les Royaux prirent en même temps le château de Corlay, éloigné de trois à quatre lieues de Rostrenen, appartenant au seigneur de Guémené. Ils le firent fortifier de retranchements et terrasses. Tout le pays fut fort ruiné par la garnison, dit le chanoine Moreau, d'autant que tout le quartier tenait le parti contraire; ils n'eussent pu sortir du château qu'ils ne fussent en pays ennemi, sur lequel ils faisaient de grands ravages.

» Le duc de Mercœur, importuné de leur ôter cette épine du pied, vint avec son armée, composée en partie d'Espagnols, fit assiéger le dit château de Rostrenen qui se rendit à Don Juan d'Aquilla, chef des dits Espagnols, après six à sept jours de siège. Et parce que ledit château était plus préjudiciable qu'utile au pays, les chefs y firent mettre le feu et le ruinèrent pour que les gens de guerre n'y pussent loger à l'avenir. »

Le journal de Jérôme d'Aradon (D. Morice, Pr. III) nous donne des dates plus précises :

« Le jeudi XXVII du dit mois (de may 1593), je reçus nouvelles, jour de l'Ascension, comme le seigneur Don Juan

---

(2) Il pouvait appartenir à ces Quélennec, des environs de Rostrenen, qui n'ont rien de commun avec les Quellénec, vicomtes du Faou, barons du Pont et de Rostrenen.

avoit assiégé le chasteau de Rostrenen, qu'il print deux jours après. »

Un mois auparavant, « René de Rieux, seigneur de Sourdéac, lieutenant pour le Roy en Bretaigne, sur la remontrance à lui faite par le sieur du Liscoët qu'il est requis et très-nécessaire de fortifier et assurer la place et château de Rostrenan, qu'il commandait, ordonne de contraindre les paroisses voisines d'y contribuer et aller travailler auxdites fortifications, pendant deux mois, onze paroisses d'une part et trente de l'autre. « A Guingamp, 8 avril 1593 (1). (D. M., Pr. III.)

L'année qui suivit, la veuve de Toussaint de Beaumanoir épousa Renaud de la Marzelière, vicomte de Fretai, baron de Bonnefontaine (2). Voici comment le même journal de la Ligue, à Rennes et ses environs, parle de ce mariage : « Le dit jour (le samedi 16 juillet 1594), le sieur de la Marzelière et la dame douairière du Pont, Anne de Guémadeuc, fiancèrent au soir, et le lendemain de grand matin espousèrent. Quelques-uns en parlent, d'aultant qu'elle debvoit avoir esté espousée par force, par ledit sieur de la Vallée-Ploumaudan. »

Quoi qu'il en soit des motifs de ce mariage, la mère d'Hélène de Beaumanoir lui montra sa tendresse en s'engageant, lors du contrat de mariage de sa fille, à ne faire ni don, ni avantage de ses biens à personne qu'elle, et lui abandonna même le douaire qu'elle avait sur les biens de Toussaint de Beaumanoir.

La vie d'Hélène de Beaumanoir fut une suite d'infortunes sans pareilles : elle épousa d'abord à l'âge de treize ans, le 16 janvier 1599, par obéissance à la volonté paternelle et non

---

(1) Voyez aux pièces justificatives : « *Commission de Monsieur de Sourdéac au sieur du Liscoët pour fortifier Rostrenen.* »

(2) Renaud III de la Marzelière présida, en 1600, les États de Rennes par élection des trois ordres.

Il fut tué par le comte de Montgommery, le 2 mars 1601.

DE TOURNE-
MINE :

(Originaire d'Angleterre) seigneurdudit lieu et baron de la Hunaudaye en 1187, baron de Retz, baron de Camsillon : *Écartelé d'or et d'azur* (Sceau 1372). Devise: AULTRE N'AURAY.

par son choix, René DE TOURNEMINE, baron de la Hunaudaye, fils de René baron de la Hunaudaye, et de Marie de Coëtlogon, dame de Méjusseaume (1).

Hélène de Beaumanoir ne rencontra pas le bonheur dans cette union : en voici la preuve extraite d'un mémoire authentique du temps (2). « On maintient qu'en l'an 1604, la dite dame
» de Beaumanoir se disant estre très-maltraitée par le sieur
» baron de la Hunaudaye, son mary, et estre en péril de sa
» vie auprès de luy, se retira en son chasteau du Pont-l'Abbé,
» où elle fut incontinent assiégée par ledit sieur de la Hunau
» daye. Lors elle envoya prier son parent, le feu sieur baron
» de Molac (3), de l'assister ; ce qu'il fit, et monta à cheval à
» Dinan où il estoit éloigné dudit Pont [l'Abbé] de plus de
» quarante et cinq lieues, et s'achemina avec quatre ou cinq
» cents gentilshommes, cinq ou six cents hommes de pied,

(1) La mort de tous les deux est mentionnée ainsi dans D. Morice (Pr. III, journal de Me Pichard) : « Le lundy, 6e jour du mois de décembre 1591, Monsieur de la Hunaudaye fut amené mort au soir à porte fermante. — Le 17e jour du mois de décembre environ dix heures du soir, le corps du sieur de la Hunaudaye fut porté à Bonne-Nouvelle où il fut jusqu'au temps où il sera après dit, et ce à petit bruit et sans solennité. » — Le 10e jour du mois de janvier 1592, fut fait en grande pompe le service de l'inhumation « de feu noble et puissant seigneur messire René de Tournemine, chevalier des deux ordres du Roi, seigneur de la Hunaudaye, lieutenant général pour le Roy en Bretagne, capitaine de 50 lances de Sa Majesté. » La baronne de la Hunaudaye, Marie de Coëtlogon, dit aussi le même journal, était morte « au lieu et maison de Méjusseaume, le 1er septembre 1591, fort regrettée du peuple. »

(2) *Mémoire des affaires qui peuvent être entre Monsieur et Madame du Pont de Courlay à Monsieur de Mollac, à cause de la cession faite par dame Heleine de Beaumanoir à la dite dame du Pont.*

Je dois la connaissance des faits qui vont suivre, concernant le premier mariage d'Hélène de Beaumanoir, à la très obligeante communication de M. Alain Raison du Cleuziou ; ces notes furent copiées sur les originaux par son regretté et très estimé père, M. Hippolyte Raison du Cleuziou.

(3) Sébastien I, marquis de Rosmadec, baron de Molac, fils de Tanguy de Rosmadec, baron de Molac, et de Marguerite de Beaumanoir, mort en 1613, avait épousé 1° Françoise de Montmorency, et 2°, en 1600, Jeanne de la Motte-Vaucler, qui devint baronne de la Hunaudaye. Il fut le tuteur d'Hélène de Beaumanoir, du 31 juillet 1595 au 22 septembre 1599, et fut remplacé par Jean du Quélennec, seigneur du Hilguy et de Saint-Quiriec, et connu sous ce dernier nom dans l'histoire de la Ligue du chanoine Moreau, et fils de Jacques du Quélennec, seigneur de Bienassis (en Erquy) et de Jeanne de Lézongar, lesquels du Quélennec étaient branche cadette des vicomtes du Faou.

» à ses despens, jusques à six ou sept lieues proche dudit
» chasteau du Pont, où estant, il apprit que ladite dame
» s'estoit rendue audit sieur de la Hunaudaye (1).

» Que depuis, ladite dame disant que ledit feu sieur de la
» Hunaudaye continuait son mauvais traitement en son
» endroit, se seroit rendue au chasteau de Dinan soubs la
» protection dudit feu sieur de Molac, qui l'y auroit receue,
» retenue, nourrie et entretenue elle et toute sa maison près
» de deux ans.

» Que pour ce subject d'autant que ledit sieur de la Hunau-
» daye demeuroit en son chasteau de la Hunaudaye qui n'est
» distant que de cinq lieues de Dinan, il luy fust besoin de
» redoubler les gardes audit chasteau de Dinan et avoit près
» de sa personne tousjours quinze ou vingt gentilshommes
» et marchait tousjours en cet estat lorsqu'il allait par la
» campagne, crainte de rencontrer ledit sieur de la Hunaudaye,
» qui marchait tousjours pareillement accompagné.

» Que depuis, ladite dame ayant intenté action vers ledit
» feu sieur de la Hunaudaye en dissolution de mariage et
» séparation, ayant fait ordonner par arrest du Parlement de
» Bretagne, qu'elle seroit amenée à Rennes pour y estre plus
» seurement, elle y fust conduitte par ledit feu sieur de Molac
» avec plus de deux cents gentilshommes à ses despens.

» Qu'en cette conduitte outre autre despence, ledit sieur de
» Molac perdit un cheval qui lui avoit cousté huict cents escus
» du sieur comte de Montgommery, lequel cheval mourut
» gras fondu pour avoir fait cette corvée à la grande chaleur
» d'une journée d'esté. Qu'en ceste querelle qui fust de quatre
» ou cinq années, ledit sieur de Molac fut mandé par le feu
» Roy Henry le Grand de le venir trouver, et y fust trois ou
» quatre fois, accompagné de 12 gentilshommes chaque voyage.

» Que pendant ledit temps de cinq ans, ledit feu sieur de

---

(1) Le lecteur remarquera qu'Hélène avait alors dix-huit ans.

» Molac fist pour ce subject plusieurs autres grandes despences
» que l'on ne peut cotter, ny estimer, le tout pour maintenir
» et conserver ladite dame, sa cousine germaine, jusques à
» la valeur de plus de cent mille livres.

» Et entend prouver tout ce que dessus tant par la confes-
» sion de ladite dame, qui pour cet effet sera interrogée, que
» par actes et par tesmoins. »

Mais Hélène trouva aussi un vengeur dans son cousin
Toussaint de Guémadeuc (1). « Ce seigneur, dit un mémoire
» fait par le baron de Molac lui-même, entra en querelle avec
» messire René de Tournemine qui avoit épousé sa cousine
» Hellene de Beaumanoir. Elle se plaignait d'estre maltraictée.
» Enfin ils se rencontrèrent au pays de Ruix, et quoyque le
» sieur de la Hunaudaye fust beaucoup plus accompagné, le
» combat ne laissa d'estre opiniâtre, auquel ledit seigneur
» de Guémadeuc fut tué sur le lieu, après avoir donné un coup
» de pistolet dans le genou audit sieur de la Hunaudaye,
» duquel coup il mourut après avoir languy plus d'un an (2). »

Toussaint de Guémadeuc ayant été inhumé à Québriac, le
4 décembre 1606 (3), cette date contredit celle de 1608, donnée
à cette rencontre par plusieurs auteurs.

Hélène se remaria et fut plus malheureuse encore :

Elle épousa, suivant contrat de mariage du 12 août 1609,
Charles DE COSSÉ-BRISSAC, second fils de Charles II, duc de
Brissac, pair et maréchal de France, qui remit Paris, dont il

DE COSSÉ-
BRISSAC :
Duc de Bris-
sac et pair de
France en
1611, marquis
d'Acigné en
1609, etc. —
De sable à 3
fasces d'ar-
gent denchées
par le bas. 4
maréchaux de
France de
1550 à 1768.

(1) Toussaint de Guémadeuc et de Blossac, grand écuyer héréditaire de Bretagne,
vicomte de Rezay et chevalier de l'ordre du Roy, était fils aîné de Thomas de Guémadeuc, seigneur de Québriac, vicomte de Rezay, baron de Blossac, grand écuyer
de Bretagne, et de Jacquemine de Beaumanoir, qui était sœur de Toussaint de
Beaumanoir.

(2) Également fourni par M. Alain Raison du Cleuziou.

(3) Date très certaine donnée par M. le Président Trévédy.

était gouverneur, au roi Henri IV, le 22 mars 1594, et de Judith d'Acigné (1).

Le second mari d'Hélène de Beaumanoir venait d'être créé marquis d'Acigné, cette même année. C'est sous ce nom qu'il est toujours désigné. Comme il poussait à ses dernières limites la passion des hauts faits de chevalerie, l'enthousiasme l'avait entraîné aux pieds de la jeune et si riche veuve, célèbre jusqu'à la cour de Henri IV, par ses aventures romanesques.

Une des manies de l'étrange marquis était, lorsqu'il traversait les forêts de Bretagne, de se faire avertir qu'une noble dame était captive en sa tour seigneuriale et de faire alors semblant de voler à sa défense, puis de s'en retourner par un autre chemin en sa maison ; mais nous allons voir que s'il s'exaltait pour la délivrance des dames, il savait aussi les renfermer à l'occasion.

A peine marié, le marquis d'Acigné se livra à une telle vie de folles prodigalités que son père, pour arrêter la ruine de ce jeune ménage, fut obligé d'en venir à l'interdiction et obtint différents arrêts, d'abord du Parlement de Bretagne, puis des lettres-patentes du Roi portant commission pour mettre les dits arrêts en exécution, avec défense de quelque qualité ou conditions que l'on fût, d'accorder et transiger avec lesdits sieur et dame d'Acigné. Cette procédure, jointe à l'autorité paternelle, força le marquis d'Acigné de mettre quelques bornes à ses excès.

Nous trouvons Hélène dans sa baronnie de Rostrenen, en 1616 et 1617. Fuyant les violences du marquis d'Acigné, elle vint s'y réfugier. Ce ne fut pas dans son château de Rostrenen qu'elle logea ; malgré l'ordonnance de 1593, de le relever,

---

(1) Judith d'Acigné, fille de Jean VIII d'Acigné et de Jeanne du Plessis, fut la dernière de la branche aînée de sa maison. Elle porta la terre d'Acigné dans celle de Cossé en épousant Charles de Cossé, comte de Brissac, maréchal de France et son lieutenant général en Bretagne. Elle avait hérité de son père en 1573, et mourut le 11 janvier 1598.

l'incendie l'avait détruit, au temps des guerres de la Ligue, ce qui est confirmé par un titre du 14 octobre 1606 (1).

Ce fut dans son manoir des Isles, très ancienne seigneurie, près du bourg de Kergrist-Moëllou (2), qu'elle se retira.

Les registres de Rostrenen contiennent plusieurs actes où Hélène, dans ce temps-là, figure comme marraine : d'abord le 16 mars 1616, elle nomme Hélène BOBILLÉ, fille de nobles homs Tanneguy BOBILLÉ et Jeanne DE PERRIEN, s[r] et dame de Campostal, manoir touchant la ville de Rostrenen. Le parrain est haut et puissant messire Sébastien DE PLOEUC, marquis du Tymeur, dont la femme était Marie DE RIEUX, fille du marquis de Sourdéac.

_____

(1) 14 octobre 1606. « *C'est le rolle et rentier de la baronnie de Rostrenen, suivant* » *les vieux et antiques rantiers et papiers de compte, d'autant que les précédants* » *et autres lettres de ladite baronnye ont esté péris au bruslement du chasteau de* » *Rostrenen.* » (Archives de la Baronnie).

(2) Les Isles, ramage et juvelgneurie de Rostrenen, et principal manoir de sa Baronnie, ont un passé que je ne puis connaître au delà des Pontquellec dont on ne trouve pas les armes dans l'armorial de Courcy ; mais on les trouve dans Dom Gallois : DE PONTQUELLEC DES ISLES : *écartelé, au 1 et 4 de gueules, à neuf besants d'or, 3. 3. 3.* et au 2 et 3........ Pierre de Pontquellec, seigneur des Isles, près Rostrenen, en la paroisse de Kgrist-Moëllou, épousa Marguerite de Quélen, fille de Conan IV, sire de Quélen, et de Tiphaine du Quélennec, d'où Olivier de Pontquellec, fils aîné, s[r] des Isles, qui transigea en 1401 pour le partage de sa mère, et auquel succéda Jan du Pontquellec qui figure en 1497 comme seigneur des Isles et des seigneurie, fief et juridiction de Moëllou.

Nous voyons, en 1505, Conan de Pontquellec, fils et successeur de Jan dans la seigneurie des Isles. Il paraît être le dernier des Pontquellec des Isles. En 1510, c'est noble et puissant René Anger, s[r] de Crapado et de la Rivière, mari de Louise de Scépeaux, qui rend aveu au nom et comme curateur de n. h. Jan de La Rivière, seigneur des Isles, etc., ce dernier neveu ou petit-fils peut-être de Conan de Pontquellec (ce qu'il faudrait préciser). En 1575, c'est hault et puissant Claude Angier, seigneur de Crapado, la Chauvellière, la Hermoet, les Isles, etc., baron de Châteaubriant, chevalier de l'ordre du Roi (archives de la Baronnie avec autographe de Claude Angier). Il épousa Marguerite Le Roux de La Roche des Aubiers, se déclara contre la Ligue, et devenu suspect au duc de Montpensier, il fut décapité à Rennes, sans jugement, le 4 février 1594.

Hélène de Beaumanoir devint dame des Isles, par acquet ou par héritage, ce que je n'ai pu vérifier encore. (1re partie du XVIIe siècle.) Dans la seconde moitié de ce même siècle, Jacques de Musillac, s[r] de Kerdréan, de Pratulo, est aussi intitulé s[r] de Châteaugal, *des Isles* et de *Crapado*. Comment lui advinrent ces seigneuries, je ne puis le dire.

Elle est aussi marraine du fils d'un des fonctionnaires de sa cour et juridiction de Rostrenen, et le nomme avec un des seigneurs vassaux de sa Baronnie, messire Charles de Bréhant (1), sr de Kerriou (près Rostrenen), par son mariage avec demoiselle Catherine Raoul.

« Après la mort du maréchal de Brissac, à Rennes, le 5 juillet 1621, le marquis d'Acigné ne mit plus de bornes à ses dissipations, et à ses mauvais traitements envers sa femme dont elle ressentit le contre-coup ; un long mémoire judiciaire des archives de la Baronnie nous apprend que pendant qu'elle était prisonnière, et resserrée dans des maisons fortes, il la faisait de force souscrire et s'engager dans des aliénations et des dettes ; il faisait faire des abats et dégradations de bois qui ruinaient les terres d'Hélène de Beaumanoir. Sa vie fut même menacée. Alors, du fond de ses châteaux forts, elle trouva moyen de faire porter ses plaintes au Roi Louis XIII qui lui fit recouvrer sa liberté. Elle demanda une séparation et prit des lettres de rescision contre les contrats d'aliénation, et contre tous les actes que son mari l'avait forcée de signer depuis son interdiction et pendant sa détention. Par arrêt du Parlement de Paris, 22 janvier 1628, le marquis d'Acigné fut banni à perpétuité hors du royaume. C'est à cette époque que dame Françoise DE GUÉMADEUC qui, dans ce temps-là, fut mariée à messire François DE VIGNEROT, marquis de Pontcourlay, parent de monsieur le cardinal de Richelieu, obsédait tellement le cœur et l'esprit d'Hélène de Beaumanoir, sa tante à la mode de Bretagne, qu'elle obtint d'elle un acte de donation, le 16 janvier 1629, par lequel

---

(1) Il était fils de Jean II de Bréhant, vicomte de l'Isle, et de Jacquemine du Rouvre. Il épousa, le 21 novembre 1614, Catherine Raoul, héritière, dame de Kerriou. A ce manoir relevant de la Baronnie, étaient attachés depuis des temps qui doivent remonter aux derniers comtes de Poher, les droits héréditaires de sergent féodé, et voyer de Carhaix : tous les privilèges et toutes les charges qui en dérivaient se trouvent décrits tout au long dans les aveux rendus par les seigneurs de Kerriou à la Baronnie de Rostrenen et font l'objet d'une chef-rente ; entre autres, le fameux dîner annuel avec son menu, tout au long, dû par le voyer de Carhaix aux sires de Quélen. Les archives de la baronnie contiennent les détails les plus curieux à ce sujet.

Hélène dit que se sentant travaillée de continuelles maladies causées par les violences exercées sur elle, et misères, afflictions et incommodités qu'elle a reçues depuis dix à douze ans, en ça et aussi pour la peine et sollicitude qu'elle a employée à la poursuite du dit arrêt pour le temps de trois ans entiers, de sorte qu'à présent elle ne se trouve plus capable de continuer la poursuite des affaires et procès qui lui restent sur les bras. Mais désirant la dite Dame de mener désormais une vie plus tranquille et chercher du repos pour le reste de sa vie (1), elle a estimé n'y pouvoir mieux parvenir qu'en laissant le soin de ses affaires à ceux auxquels par droit naturel et successif ses biens doivent appartenir après son décès, a donné et donne à la dite haute et puissante dame Françoise DE GUÉMADEUC, sa nièce et présomptive héritière, femme dudit sr de Pontcourlay et acceptant par très haut et très illustre seigneur, monseigneur le cardinal DE RICHELIEU, grand maistre chef et super-intendant général de la navigation et commerce de France, au nom et comme tuteur dudit seigneur de Pontcourlay, et par messire Jacques Barrin, seigneur de la Galissonnière, conseiller du Roy en son Conseil d'État et privé, au nom et comme tuteur et curateur de la dite Françoise de Guémadeuc, épouse dudit seigr de Pontcourlay, mon dit seigneur le Cardinal et le dit seigneur de la Gallissonnière promettant faire ratifier ces présentes aussytost qu'ils auront chacun d'eux atteint l'âge de majorité et vallablement faire le pourront (2), à scavoir la vicomté du Faou, seigneurie d'Irvillac, Langonnac et la Villeneuve; ensemble les baronnies, terres et seigneuries du Pont-l'Abbé, de Rostrenen, de Quellénec, les Isles, Carnoet et Crenolles; puis les terres de Beaumanoir et de Launay-Madeuc, etc.

---

(1) Nous ne donnons que sommairement le récit de cette vie si émouvante d'Hélène de Beaumanoir : les recherches amèneraient aux plus curieux détails que d'autres pièces judiciaires doivent contenir. L'avenir les fera peut-être mettre à jour.

(2) François de Vignerot, marquis de Pontcourlay, était fils de la sœur du Cardinal, et frère de la célèbre duchesse d'Aiguillon.
Le cardinal de Richelieu, comme on le voit, joue tout un rôle dans cette démission d'Hélène de Beaumanoir.

» Il résulte et il est aisé de juger des termes de cet acte de donation, qui estoit inspiré et dicté par Monsieur le Cardinal de Richelieu (de l'autorité suprême duquel tout le monde est instruit) à l'ayde de M. de La Galissonnière Barrin, conseiller d'État, qui avoit beaucoup d'ascendant sur l'esprit de la dite dame, que le but estoit de faire passer dès lors toute la fortune d'Hélène de Beaumanoir au profit et à l'avantage de Monsieur et Madame de Pontcourlay. »

« Les choses estoient en cet état en l'an 1636, qu'Hélène de Beaumanoir, que l'on avait fait transporter dans son château de Limoëlan (en Sévignac, canton de Broons) pendant que les sieur et dame de Pontcourlay géraient et poursuivaient toutes ses affaires, sentant ses.infirmités augmenter, et se voyant affligée d'une hydropisie, fit un testament les 16 et autres jours de juillet audit an 1636, par lequel elle déclara que ses héritiers étaient sçavoir de l'estoc paternel, le seigneur de Pontcourlay, général des gallères de France, du chef de dame Françoise de Guémadeuc sa compagne, par la représentation de la sœur aisnée du feu seigneur baron du Pont, père de la dite marquise, et qu'en cette qualité elle devait hériter des seigneuries du Pont, Rostrenen, le Fou, le Quellenec, et autres comprises en la donation et démission cy-devant faite par la dite dame de Beaumanoir au profit de la dite dame de Guémadeuc.

» Que du dit estoc paternel tenait Monsieur le marquis de Molac (1) qui devait hériter de la terre et vicomté du Besso, la Motte du Parc.

» Que de l'estoc maternel devait hériter, ledit seigneur général des galères, du chef de la dite dame sa compagne, des

---

(1) Sébastien II de Rosmadec, marquis de Molac, déjà et dès 1628, s'intitulait et passait des actes comme baron de Rostrenen, même avant cette époque. Il en a le titre dans plusieurs auteurs, mais il n'a jamais été, de fait, baron de Rostrenen et ne peut figurer dans la liste des possesseurs de la baronnie. S'il en a pris le titre, c'est sans doute parce que l'ayant affermée d'Hélène de Beaumanoir, celle-ci la lui destinait, et le laissait d'avance s'intituler *baron de Rostrenen.*

Il était fils de Sébastien I de Rosmadec, marquis de Molac, et de Jeanne de la Motte-Vaucler. Il épousa Renée de Kerhoent, dame de Kergournadech.

terres et seigneuries de Crénolles, Launay-Madeuc, et de partye de Beaumanoir comme acquest par dame Anne de Guémadeuc, sa mère.

» Que le Seigneur de Broons, par réprésentation de Jacquemine de Kersaliou, seconde fille de Gilles de Kersaliou et Magdeleine du Chastel, devait hériter de la terre et seigneurie de Limoëlan, et en l'autre partie des fiefs de Beaumanoir, et que quant à la terre et seigneurie de Plédran et la Villehélyo engagée à Monsieur de la Galissonnière pour la somme de 36,500 l., elle déclara avoir toujours ouy dire que le Seigneur des Aulnais-Keradreux, par la représentation des seigneurs de Plédran en devait hériter, et il est rapporté dans ce testament que la dite dame marquise d'Acigné n'entendait que la déclaration put nuire ni préjudicier aux droits et titres justificatifs, successions et filiations de ses héritiers, ains veut et entend que chacun hérite en ce qui le regarde, selon Dieu et selon la nature » (1).

Ensuite elle fait plusieurs ordonnances et legs, de tous lesquels il n'est pas besoin de faire mention. (Entre autres au couvent de Sainte-Catherine de Dinan.)

« Et pour exécuteurs testamentaires elle nomme le Seigneur de Broons, son cousin, et le seigneur de la Goublaye. Peu de temps après ce testament, la dite dame Hélène de Beaumanoir, marquise d'Acigné, décéda. Elle fut inhumée dans la chapelle des Religieuses de Sainte-Catherine de 'Dinan (2) « par Monseigneur illustrissime évêque de Saint-Malo (3) le 10 août 1636 (4).

---

(1) Tels étaient les sentiments d'alors à l'égard de la famille. Le temps a marché depuis !

(2) Ce renseignement, je le dois à M. Trévédy, Vice-Président de la Société arch. du Finistère.

(3) C'était Monseigneur Achille de Harlay, qui, d'abord Supérieur général des Pères de l'Oratoire, fut nommé Évêque de Saint-Malo, (27 février 1632). Il présida les États de Dinan en 1631, et mourut à Saint-Malo le 20 novembre 1646.

(4) Tout ce qui est entre guillemets provient du mémoire judiciaire que nous avons dans les archives de la baronnie.

Par sa mort sa succession échut à quatre différents héritiers collatéraux qui l'acceptèrent tous sous bénéfice d'inventaire, savoir :

1. A Sébastien DE ROSMADEC, marquis de Molac, dans l'estoc et ligne de Beaumanoir.

2. A Françoise DE GUÉMADEUC, épouse du Marquis de Pontcourlay, dans l'estoc de Quellénec.

3. A Philippe D'ÉPINAY, marquis de Broons, dans l'estoc et ligne de Kersaliou.

4. Et à François DE KERADREUX, seigneur des Aulnays, dans l'estoc de La Chapelle.

XIX.

De Guémadeuc.

De sable au léopard d'argent, accompagné de six coquilles de même,
3. 3. (Sceau 1276).

Marie-Françoise de Guémadeuc, marquise de Pontcourlay, et baronne du Pont, de Rostrenen, etc., était fille unique de Thomas de Guémadeuc, baron de Blossac, vicomte de Rezé, qui fut accusé d'avoir prêté l'oreille au parti des princes contre Louis XIII, et d'avoir livré le château de Fougères dont il était gouverneur. C'est ce Thomas de Guémadeuc qui tua, à Rennes, le 28 octobre 1616, pendant la tenue des États, Jacques, baron de Névet; poursuivi pour cet homicide par la jeune veuve du baron, Françoise de Tréal, il fut condamné à mort par le Parlement et eut la tête tranchée à Paris, le 27 septembre 1617. (Preuves de noblesse des demoiselles bretonnes pour St-Cyr. Baron de Rosmorduc (1891).

7

Un voile funèbre fut donc jeté sur son enfance. Elle épousa, le 29 juin 1626, François de Vignerot, marquis de Pontcourlay, chevalier des ordres du Roi, général des galères de France, fils de René, seigneur de Pontcourlay, et de Françoise du Plessix, sœur du Cardinal de Richelieu (1). Plusieurs actes signés par François de Vignerot, et passés devant sa cour de Rostrenen nous apprennent qu'il fit un séjour dans la baronnie en octobre 1642. Dans ces actes, baillées et afféagements, après longue énumération de tous ses titres honorifiques auxquels est joint celui de Gouverneur de la ville et citadelle du Hâvre-de-grâce, il est dit : « Etant de présent, ledit seigneur, logé au bourg de Kergrist-Moellou, en la maison de Me Vincent Girault. — Signé : François de Vignerot, Le Pont de Courlay. » — Cinq lignes écrites de sa main et paraphées, « Le Pont de Courlay » suivent pour la quittance d'une somme reçue à valoir des tenanciers. Je suppose qu'il dut s'éloigner en toute hâte de la baronnie de Rostrenen, car, très peu de jours après, le 4 décembre 1642, mourait au Palais-Cardinal, à Paris, le Cardinal de Richelieu.

On s'explique difficilement que l'héritier d'un si puissant personnage se soit trouvé en ce moment au fond de la Bretagne.

Il arriva sans doute à temps pour revoir celui qui transmettait le nom et les biens de Richelieu à ses enfants. Lui-même ne survécut pas longtemps à son oncle. Il mourut, le 26 janvier 1646, laissant quatre enfants dont l'aîné, Armand-Jean de Vignerot, avait été substitué au nom et armes de Richelieu.

Voici ce que j'ai copié dans les tablettes historiques de Chazot de Nantigny (tome III, page 8).

« Armand-Jean de Vignerot fut substitué par son grand oncle le cardinal, aux noms et armes, et duché de Richelieu. Il mourut le 10 mai 1715; sa femme, Anne-Marguerite d'Acigné, était morte le 19 août 1698. »

DE VIGNEROT : Orig : du Poitou. D'or à trois hures de sanglier de sable, écartelé DU PLESSIS-RICHELIEU : d'argent à trois chevrons de gueules.

---

(1) Le Cardinal faisait donc épouser à son héritier la fille de sa victime.

« Son fils Louis-François-Armand, né le 13 mars 1696, premier gentilhomme de la Chambre, chevalier des ordres du Roi, épousa 1° Anne-Catherine de Noailles, morte en 1716, 2° Marie-Elisabeth Sophie de Lorraine Guise, qui mourut le 2 août 1740. »

« Il laissa d'elle : 1° Louis-Antoine-Sophie, duc de Fronsac, colonel du régiment de Septimanie, né le 4 août 1736, 2° Sophie Septimanie, née en février 1740, comtesse d'Egmont. (Voyez dans les souvenirs de la marquise de Créquy sa romanesque histoire.) »

Marie-Françoise de Guémadeuc vint à son tour dans sa baronnie : nous l'y trouvons en 1649, mais elle est alors remariée. Un acte du 12 octobre de cette année-là, dit : « *haute et puissante Marie-Françoise du Guémadeuc, dame comtesse d'Auroy, baronne de Rostrenen et autres lieux,* espouse de hault et puissant seigneur messire Charles de Grivel de Gamache, comte d'Auroy, chevalier, et non commune de biens et autorizée par son contract de mariage à la poursuite de ses droits, laquelle a fait bail » etc. signé d'elle.

Les actes de son administration à Rostrenen rendent témoignage de sa haute piété. Ainsi : *Fondation*, le 11 septembre 1649, d'une messe quotidienne pour les âmes délaissées du purgatoire, faite par elle, dans la collégiale de Rostrenen, à la desserte de laquelle fut affectée la métairie de Parc-en-Bozée avec un pré à Pratgestin.

Mandement le 1er juin 1651, de dame Marie-Françoise de Guémadeuc, baronne de Rostrenen, pour interdire les luttes, soulé, reddition de pourpoint et mascarade les jours où le Saint-Sacrement serait exposé à Rostrenen.

Elle mande, en outre, à ses officiers que le jour des Plaids-Généraux après que l'on aura appelé, selon la coutume, les sieurs abbé de Langonnet, le commandeur de la Magdelaine, le doyen de Rostrenen et le prieur de Saint-Jacques, ils aient aussi à appeler le prêtre qui sera obligé de dire la messe fondée le 11 septembre 1649.

Nous retrouvons en novembre 1659, la baronne de Rostrenen, veuve pour la seconde fois (1). Elle vivait encore, lorsque démissionnaire de ses biens, le duc de Richelieu, son fils ainé, transigea avec l'héritière des Keradreux pour la baronnie de Rostrenen, voici pourquoi :

Nous avons vu que les seigneuries de Plédran et de la Ville-hélyo avaient été dans la succession d'Hélène de Beaumanoir la part de l'estoc des Keradreux; mais la marquise d'Acigné ayant aliéné ces terres, la baronnie de Rostrenen fut adjugée à la suite d'interminables procès, et de différents arrêts du grand conseil, à la petite-fille de François de Keradreux, comme compensation, en 1670. Le duc de Richelieu s'est d'abord intitulé baron de Rostrenen, avant et même après la prise de possession de 1670 de la baronnie de Rostrenen, mais comme elle était alors en litige, je ne crois pas devoir comprendre Armand-Jean, duc de Richelieu, dans la série des barons.

XX.

De Keradreux.

D'argent à trois léopards d'azur.

Florimonde de Keradreux, née aux Aulnays, baptisée à Lanouée (canton de Josselin), le 1er novembre 1637, était fille d'écuyer Claude de Keradreux, seigneur des Aulnays, et d'Ambroise de Lesmays (2). Pour expliquer sa parenté avec Hélène de Beaumanoir, il faut citer un fragment du même

(1) Voir aux pièces justificatives les actes de baptême où elle figure à Rostrenen. Son second mari mourut assassiné à Paris.
(2) Voyez sa filiation aux pièces justificatives.

mémoire judiciaire. Il y est dit que François de Keradreux
« succéda à Hélène de Beaumanoir, comme petit-fils de Jeanne
» de La Chapelle, épouse de Bertrand de Keradreux, ses
» ayeuls; laquelle Jeanne de La Chapelle estoit fille de Fran-
» çois de La Chapelle, seigneur de Plédran, la Villehélyo et
» Bouvres, qui avait eu pour fils aisné Jean de La Chapelle
» marié à Marguerite de Kersaliou, dont yssut Hélène de La
» Chapelle, mariée à François de Guémadeuc, qui eurent pour
» fille unique Anne de Guémadeuc mariée à Toussaint de
» Beaumanoir, père et mère de la dite Hélène de Beaumanoir,
» marquise d'Acigné, de la succession de laquelle est question. »

Ce fut dans la chapelle de la maison noble des Aulnays qu'eut
lieu, le 6 avril 1655, le mariage de Florimonde de Keradreux
avec messire Louis-François de Lantivy, seigneur du Coscro
(en Lignol). Nous avons dit comment après des débats interminables dans la succession de la marquise d'Acigné, la dame
de Lantivy, du Coscro, entra en possession de la baronnie de
Rostrenen, très peu de temps après la mort de son mari. Elle
y fit son entrée les derniers jours de novembre 1670 (1), et
elle fit acte d'hommage au Roy de la terre de Rostrenen et
des Isles, en date du 9 février 1774. A partir de la prise de
possession de la dame de Lantivy du Coscro, se séparent la
baronnie de Pont-l'Abbé de celle de Rostrenen, ainsi que la
vicomté du Faou qui demeure au duc de Richelieu, mais
pour passer bientôt après en d'autres mains (2). L'union de
Pont-l'Abbé à Rostrenen avait duré deux cent trente ans.

DE LANTIVY :
*De gueules
à l'épée d'ar-
gent en pal,
la pointe en
bas.* Devise :
QUI DÉSIRE
N'A REPOS.

---

(1) Voyez aux pièces justificatives cette longue et curieuse prise de possession.

(2) « C'est le 8 janvier 1074, dit M. le Président Trévédy, dans ses lettres sur la
baronnie de Pont-l'Abbé (1888), que Armand de Richelieu succéda à sa mère comme
baron de l'ont, et il rendit aveu en cette qualité, l'année suivante.

Quelques années après, le 6 juillet 1681, il se démettait de la baronnie en faveur
de son fils Louis-Armand, marquis de Richelieu ; et le 17 juin 1682, le présidial de
Quimper prononçait l'appropriement. »

Mais en 1685 les Richelieu vendirent la baronnie de Pont-l'Abbé à François-Joseph
d'Ernothon, conseiller du Roi, maître des requêtes de son hôtel, qui la transmit à
ses fils successivement et ceux-ci morts sans postérité la passèrent à leur sœur,
Catherine d'Ernothon, marquise d'Argouges, de Ranes qui la vendit, en 1751, au
sieur Baude, déjà baron de Saint-Père (en Retz).

La seigneurie de Carnoët, membre de la baronnie de Rostrenen resta entre les mains du duc de Richelieu, petit-fils de Marie-Françoise de Guémadeuc.

Parmi les innombrables actes de l'administration de Florimonde de Keradreux, l'on voit :

30 août 1677. — Présentation d'un canonicat dans l'église collégiale et insigne dudit Rostrenen, par dame Florimonde de Keradreux, à missire Pierre Le Tinnier.

10 juin 1678. — Procès-verbal rapporté par les juges de la cour de Rostrenen contre des ouvriers qui, pour bâtir une tour de la collégiale, enlevaient des pierres du château et le dégradaient.

13 septembre 1679. — Transaction au sujet des dimes que, les chanoines de Rostrenen et quelques particuliers prétendaient leur être dues.

15 février 1680. — Quittances des décimes ordinaires et extraordinaires du chapitre de Rostrenen, — 27 juin 1682, idem.

Un marché passé entre la dame du Coscro, baronne de Rostrenen, et le nommé Pierre Le Loyé, au sujet de la réparation du pavé du bas du faubourg de la Fontaine, de Carhaix, avec une quittance y attachée, en date des 10 et 26 juillet 1681.

12 janvier 1686. — Démission d'un canonicat en l'église collégiale faite par missire Jean Le Bon aux mains de dame Florimonde de Keradreux.

Acte et traité de la charge de sénéchal de la baronnie de Rostrenen, entre la dame baronne dudit lieu et noble homme François Coz, sieur de Saint-Colombe, en date du 16ᵉ septembre 1692.

15 mars 1699. — Bannies pour l'entreprise du marché de la réédification du chœur de l'église faites à Rostrenen, Glomel, Plouguernével, Kgrist-Mouëllou et Paoul.

3 février 1700. — Possession d'un canonicat en ladite collé-giale, prise par missire Jacques de Billars, lequel vacquait par le décès de missire Louis-Joseph Guillou.

Les anciens registres de Rostrenen contiennent un assez grand nombre d'actes de baptême, où nomme « haute et » puissante dame Florimonde de Keradreux, vefve de feu messire » H. et P. Louis-François de Lantivy, chevalier, seigneur du » Cozero, » vivant conseiller du Roy en son Parlement de Bre-tagne, dame propriétaire et baronne de Rostrenen et sei-gneurie des Isles, dame du Coscro, des seigneuries de Ren-drecar (en Trefflöan), du Val (en Saint-Nolff), de Ruillac (en Saint-Avé), de Kgano, des Aulnays (en Lanoude), de Lesmès, de la châtellenye de Quellen (en Guégon), de la terre et sei-gneurie de la Ville-Ollivier.

La baronne de Rostrenen fit son testament le 22 avril 1700, et mourut subitement à Rennes, le 14 juillet suivant (1). Elle avait perdu son fils ainé, Claude-François de Lantivy, conseiller au Parlement de Bretagne, seigneur du Coscro depuis 1689 (2), qui laissait un fils et une fille dont les articles suivront. Son second fils était Julien-Louis de Lantivy, appelé le chevalier du Coscro, né aux Aulnays, et baptisé le 26 octobre 1668

---

(1) Rue de la Charbonnerie, paroisse de Saint-Germain, où elle avait un pied-à-terre.

Depuis j'ai trouvé à Rennes (bibliothèque), dans les vieux registres de Saint-Germain, l'acte mortuaire de Florimonde de Karadreulx, baronne de Rostrenen.

« Dame Florimonde de Karadreulx, baronne de Rostrenen, veuve de feu messire Louis-François de Lantivy, vivant chevalier seigneur du Coscro, conseiller au parle-ment, âgée d'environ soixante et trois ans, décédée le 14e juillet 1700, logée près la rue de la Charbonnerie, a esté ce jour, seiziesme dudit mois, inhumée en cette esglise en présance des soubsignants. »

J. HENRY R.

DUTERTRE, Curé.

(2) Né aux Aulnays, il avait été baptisé à Lanoude, le 2 août 1650. Il fut inhumé dans l'église de Lignol, le 3 septembre 1689.

(son père était mort alors, l'acte le constate), l'un des principaux acteurs de la conspiration de Pontcallec (1).

Il échappa au funeste sort des quatre grandes victimes du Régent; mais il fut un des seize contumaces. « Le chevalier du Coscro, condamné à avoir la tête tranchée par contumace, exécution faite par effigie, en un tableau attaché à une potence qui a été, à cet effet, plantée dans la place publique du Bouffay de la dite ville de Nantes. »

(Mémoires de Saint-Simon, livre VI, appendice, page 23.)

Il eut ses biens confisqués, qui depuis furent restitués à sa nièce et héritière, la marquise de Rougé du Plessis-Bellière.

Il mourut en juillet 1740, et fut inhumé à Josselin, paroisse de N.-D. du Roncier, le 22 juillet 1740.

XXI.

JEAN DE LANTIVY, fils et héritier principal de Claude François de Lantivy, seigneur du Coscro, et d'Anne Christine l'Évêque de Langourla, n'a été possesseur de la baronnie de Rostrenen que de juillet 1700 à 1703, époque où il mourut très jeune et sans alliance.

Un assez grand nombre de titres en son nom se trouvent aux archives de la baronnie, sous la formule suivante : « Ô

(1) Les trois filles de Florimonde de Keradreux étaient :
1. SÉBASTIENNE-JACQUETTE DE LANTIVY, fille aînée, mariée, par contrat du 30 juillet 1682, à messire Christophle Le Picart des Tronchais.
2. JEANNE-HIÉRONISME DE LANTIVY, mariée, par contrat du 25 octobre 1684, à messire Gabriel-Yves de Lanlou.
3. AGNÈS-CLAUDE DE LANTIVY, qui épousa, par contrat du 10 juin 1692, messire Vincent-Hyacinthe de Perrien, fils aîné de messire Vincent de Perrien et de damoiselle Louise de Lescouët, seigneur et dame de la Bouexière, et petit-fils de messire Charles de Perrien et d'Anne de Kergroadez.

janvier 1703. — Aveu de foy, hommage et chambellenage de vassaux, pour le fief des Isles, par haut et puissant seigneur messire Jean de Lantivy, chevalier, seigneur baron de cette seigneurie de Rostrenen, des Isles, et de Rostrenen en Plounévez-Quintin, de la seigneurie du Coscro, châtellenie de Quellen, la Ville-Ollivier, Lesmais et autres lieux, fils ainé héritier principal et noble de défunt haut et puissant seigneur messire Claude-François de Lantivy, vivant chevalier seigneur du Coscro et autres lieux, conseiller du Roy au Parlement de Bretagne, de son mariage avec haute et puissante dame Anne-Christine L'Evesque de Langourla, à présent veuve, dame comtesse du Coscro, dame de Ménorval, Coëtivel et autres lieux, en cette qualité héritier principal et noble de défunte haute et puissante dame Florimonde de Keradreulx, vivante aussi dame douairière du Coscro et baronne de Rostrenen, son ayeule paternelle, »

XXII.

FLORIMONDE-RENÉE DE LANTIVY, sœur de Jean et son héritière, avait été baptisée à Vannes, le 22 janvier 1683 (1).

Elle était baronne de Rostrenen lorsqu'elle se maria le 21 février 1705, dans l'église de Lignol, à messire Jean-Gilles de Rougé, marquis du Plessis-Bellière, fils de haut et puissant seigneur Henri-François de Rougé, marquis du Plessis-Bellière, gouverneur de Carmagnole et de Suze, mort à Suze, en 1692, et de Françoise-Pétronille Jégou de Kervillio.

DE ROUGÉ : *De gueules à la croix pattée et alésée d'arg¹ (sceau 1276) aliàs : écartelé DE DERVAL(sceau 1352.)*

---

(1) Voir aux pièces justificatives ses trois actes, baptême, mariage, et inhumation. Elle portait les noms de ses parrain et marraine, messire René Jégou, seigneur de Paule et de Trégarantec, conseiller au Parlement de Bretagne, et Florimonde de Keradreux, baronne de Rostrenen, sa grand'mère. En épousant le marquis de Rougé du Plessis-Bellière, elle se mariait au petit-neveu de son parrain.

Elle vit sa mère se remarier l'année suivante (1). Le 25 janvier
1706, messire Antoine-René de Ranconnet, comte de Noyant,
marquis d'Escoire, épousa à Lignol la dame douairière de
Lantivy. Lui aussi joua un très grand rôle dans la conspiration
de Pontcallec; il fut exilé pour la grande cause des libertés et
franchises de la Bretagne. — Dangeau (XVIII, 185) dit que
M. de Noyant, depuis qu'il était revenu d'exil, n'avait point
quitté une petite maison qu'il habitait l'été, près de Paris,
avec sa femme, et où il se croyait en pleine sûreté, quand, le
19 décembre 1719, il fut arrêté et mené à la Bastille. On le
transféra à Nantes vers le 25 janvier (2).

Dès 1707, la baronne de Rostrenen était veuve. Le marquis
Jean-Gilles de Rougé, colonel au régiment d'Angoumois,
mourut à l'âge de 25 ans, au siège de Sarragosse, ayant deux
enfants, un fils et une fille dont nous verrons bientôt les
grandes alliances. Elle vint habiter sa ville de Rostrenen, et
elle a dû reconstruire partie du château moderne, un des
pavillons portant la date de 1719.

Il est important de parler de l'héritage que fit, en 1731,
Louis de Rougé, marquis du Plessis-Bellière, son fils, des
seigneuries de sa grand'mère, Françoise Pétronille Jégou de
Kervillio, marquise de Rougé, du Plessis-Bellière, dame de
Paule, Mezle-Carhaix, Glomel, Moellou, Kjean, qui rentrèront
ainsi dans l'apanage des barons de Rostrenen, dont ils étaient

---

(1) Anne-Christine L'Evesque de Langourla était fille de messire Louis L'Evesque,
seigneur de Langourla, et de Marguerite de Baud, et petite-fille de messire Florant
L'Evesque, chevalier de l'ordre du Roi, seigneur de Langourla, et d'Anne de
Bréhant, lequel Florant était fils de messire Jean L'Evesque et de Bonaventure de
Langourla, héritière de sa maison.

(Archives du château de Langourla, en Saint-Vérap, Côtes-du-Nord).

(2) Un autre auteur dit : « M. de Noyant, qui remplissait si fidèlement à Paris les
fonctions d'intermédiaire de l'association, avait été mis à la Bastille dès la seconde
moitié de décembre, et ensuite transféré à Nantes pour y subir les mêmes interro-
gatoires que les autres gentilshommes; il semble être le seul qui n'ait pas craint de
braver le ressentiment des juges, de disculper autant qu'il était en son pouvoir
MM. de Bonamour et de Lambilly, ses amis et ses correspondants avoués. »

(Généalogie de Talhoët).

autrefois des membres. Leur histoire particulière étant faite, avec les documents que j'ai trouvés dans les archives de la baronnie de Rostrenen, j'y renvoie ceux qui voudront la connaître.

Toutes ces châtellenies et seigneuries, excepté celle de Paule qui vint par alliance, furent acquises par le bisaïeul de la marquise du Plessis-Bellière, messire Gilles Jégou de Kervillio, dont la femme fut Marie Budes du Tertrejouan (1).

Le fils de la baronne de Rostrenen, le marquis Louis de Rougé du Plessis-Bellière, colonel du régiment de Vexin, avait épousé, le 21 janvier 1722, Marie-Thérèse d'Albert d'Ailly, fille de Louis-Auguste d'Albert d'Ailly, duc de Chaulnes, pair et maréchal de France, chevalier des ordres du Roi, et de Marie-Anne-Romaine de Beaumanoir-Lavardin.

Il mourut le 24 juin 1732, et sa femme lui a survécu jusqu'au 11 juillet 1765. Il avait eu deux fils dont un seul lui survécut peu de temps, et mourut le 11 janvier 1735.

Florimonde de Lantivy, marquise du Plessis-Bellière, mourut le 13 mai 1748 au château de Rostrenen, et fut inhumée, le 15 mai, dans les enfeux des barons en la collégiale de Rostrenen. Elle laissait une seule fille qui hérita de la baronnie de Rostrenen.

---

(1) La seigneurie de Kerjean (en Paule et Glomel) avait été acquise en 1644 par messire Gilles Jégou de Kervillio, d'avec Claude, marquis de Goulaine, baron du Faouët : jusque-là cette seigneurie de haute justice avait été un membre de la baronnie du Faouët, de temps immémorial. Mezle, Glomel et Moëllou furent vendus le 20 février 1658, par Claude du Chastel, marquis de Mezle, et par sa femme Yolande de Goulaine, au seigneur de Kervillio qui déjà, depuis 1610, possédait la seigneurie de Paule, advenue par Marie Budes, sa femme, dans son partage avec les Gourvinec, seigneurs de Paule, et son frère messire Christophe Budes du Tertrejouan, par échange de biens entre eux.

Jégou, seigneurs de Kervillio, de Kerjan, de Paule, du Mezle, de Glomel, Moëllou, de Trégarantec, du Laz, etc. — *D'argent au cor de sable, accompagné de trois bannières d'azur chargées chacune d'une croix pommetée d'or.*

XXIII.

DE
KERHOENT :

*Losangé
d'argent et de
sable* (moder-
ne : *écartelé*
DE KERGOUR-
NADECH et DE
KERRIEC-COE-
TANFAO.Sur le
tout : DE KER-
HOENT.

INNOCENTE-CATHERINE DE ROUGÉ, fille de Jean-Gilles de Rougé. marquis du Plessis-Bellière, et de Florimonde-Renée de Lantivy, naquit le 28 décembre 1707 (1). Elle épousa, le 2 mai 1729, à Paris (2), Jean-Sébastien de Kerhoënt, seigneur marquis de Coëtanfao, fils de H. et P¹. Sébastien de Kerhoënt, seigneur marquis de Coëtanfao, et de Marie-Renée de Kergoët (3). Il mourut sans enfant, le 9 avril 1744.

La marquise de Kerhoënt se remaria le 6 juin 1747, avec Son Altesse Emmanuel-Maurice de Lorraine, duc d'Elbeuf, second

(1) Je tiens de mon père, mais sans en avoir les preuves, qu'elle naquit à Kerloᴸ guennic (en Paule), l'un des manoirs de sa grand'mère, la marquise de Rougé. C'est dans ce vieux manoir que j'ai écrit ces pages sur Rostrenen.

(2) Depuis j'ai trouvé (cabinet des titres, bibl. nat¹ᵉ) anciens registres de S¹ Eustache, page 42, l'extrait suivant : « 2 may 1720, mariage de très-haut et très-puissant » seigneur messire Jean-Sébastien de Querhoent et de Kergournadech, marquis de » Coëtanfao, sire et comte de Penhoet, gouverneur des ville et château de Morlaix » et pays circonvoisins avec très-haute et très-puissante dᵉˡˡᵉ Innocente-Catherine de » Rougé du Plessis-Bellière. »

(3) On trouve seulement sur les anciens registres de Rostrenen les bans du mariage : « Le 10ᵉ avril 1720 a esté publié sans opposition au prône de notre grande messe, le 1ᵉʳ ban du mariage à contracter entre très-haut et très-puissant Seigneur Messire Jean-Sébastien chef de nom et armes de la maison de Kerhoent-Kgournadech, marquis de Coëtanfao, Sire et comte de Penhoet et autres lieux, Brigadier des armées du Roi, Gouverneur pour Sa Majesté de la ville et château de Morlaix et païs circonvoisin, fils de deffunt très haut et très puissant seigneur Messire Sébastien, chef de nom et d'armes de Kerhoent-Kergournadech, marquis de Coëtanfao, Sire et comte de Penhoet, et très haulte et très puissante Dame, Marie-Renée de Kgoët, son épouse, ses père et mère, demeurant à Paris, rue de Bourbon, paroisse de Saint-Sulpice d'une part; et très haulte et très puissante demoiselle Innocente-Catherine de Rougé du Plessis-Bellière, fille mineure de deffunt Très haut et très puissant seigneur Jean-Gilles de Rougé, chevalier marquis du Plessis-Bellière, du Fay et autres lieux, colonel du Régiment d'Angoumois, et très puissante dame Florimonde-Renée de Lentivy du Coscre, à présent sa veuve, ses père et mère, la dite dame marquise du Plessis-Bellière, demeurante ordinairement en son château de Rostrenen, paroisse de Kgrist-Moellou, Év. de Quimper, province de Bretagne, et la dite demoiselle demeurante actuellement à Paris, au monastère des Filles de Saint-Thomas, cartier de la rue Vivienne, paroisse de Saint-Eustache d'autre part. »

Claude Pierre de Leslay, doyen de Rostrenen.

pair héréditaire de France, fils de S. A. Charles de Lorraine, IIIᵉ duc d'Elbœuf, pair de France, gouverneur de Picardie et de Montreuil, et de la deuxième de ses trois femmes, Élisabeth de la Tour de Bouillon.

Innocente-Catherine de Rougé, duchesse d'Elbœuf, resta veuve pour la seconde fois, le 14 août 1763, et sans enfants de ses deux mariages.

Elle résida souvent dans sa baronnie de Rostrenen, comme l'avait fait sa mère. Les archives renferment d'innombrables actes d'elle, qualifiée : « Très-haute, très-puissante et très-excellente princesse Innocente-Catherine de Rougé du Plessis-Bellière, marquise du Fay, baronne de Rostrenen et de Vienne-le-Châtel, dame de Glomel, Paule, Mœlo et Mœllou, épouse non communière de biens de Son Altesse Très-haut, très-puissant et très-excellent prince Monseigneur Emmanuel-Maurice de Lorraine, duc d'Elbœuf, Pair de France. »

Quelques lettres de la duchesse d'Elbœuf, trouvées dans les archives de la baronnie, la feront mieux connaitre. On les trouvera aux pièces supplémentaires.

Le 29 décembre 1760, elle passa un devis que nous possédons pour la reconstruction d'une partie de son château, dont voici les premières lignes :

« Devis et conditions que l'entrepreneur sera obligé de suivre pour la construction d'une partie de bâtiment que Madame la Princesse d'Elbœuf a dessein de bâtir à son château de Rostrenen, en conformité des plans en élévation : l'entrepreneur sera tenu et obligé de percer et fouiller les fondations de cet édifice jusqu'à fond solide ; il sera de plus obligé de faire à ses frais la démolition du mur du midi et du couchant qui cerne le jardin et terrasse, et d'enlever les terres dudit jardin six pouces plus bas que le plain-pied du rez-de-chaussée de la maison. Il sera aussi chargé de démolir le mur cernant actuellement la cour, parce qu'il aura toutes les pierres de démolition, et la faculté de tirer de la pierre dans les fondations et éboulement de l'ancien château, même de prendre des pierres au château de Glomel, à l'entrepreneur de les faire charroyer à ses frais. »

On n'oublie pas dans ce devis la chambre des archives, et la cave en dessous « qui seront faites en arrière-voussure de pierres de taille bombées et réglées » (1).

Il est expliqué que la chambre de la Princesse a quatre fenêtres, et pour cette chambre « foyer, manteau et tablette de beau marbre à la cheminée, même une commode avec garniture dorée, et couverte de marbre, également qu'une autre table de marbre soutenue de pieds de biche dorés. »

On fera la chambre de l'homme d'affaires, celle de l'officier, celle du maitre d'hôtel, etc.

Ce devis est signé : de La Villeloays faisant pour son Altesse Sérénissime Madame la Duchesse d'Elbeuf. — Charles Poullen, l'entrepreneur, s'engage à en remettre les clefs en mains sous le 1er mars 1762.

Quelles furent les causes pour lesquelles, en 1777 la duchesse d'Elbœuf, si attachée à Rostrenen, et semblant en faire un séjour de prédilection, vendit sa baronnie au Prince de Guémené, duc de Montbazon? Voulant faire à ceux de son illustre nom de Rougé, de grands avantages, lors de leurs contrats de mariage, elle considéra que sans postérité, et âgée, elle devait vendre la baronnie de Rostrenen. Elle ne pouvait faire un plus noble choix qu'en la faisant passer dans la grande maison de Rohan.

----

(1) Ces deux pièces qui me semblaient plus anciennes, servent aujourd'hui de réfectoire, et de salle de communauté aux religieuses du Saint-Esprit, qui occupent le grand bâtiment du château, sauf la grande pièce du rez-de-chaussée du pavillon nord qui sert de mairie.
Les autres bâtiments qui étaient des côtés nord et ouest attenant au château, abattus et refaits, sont en d'autres mains, ainsi que les jardins, vergers, douves, étang du château.

XXIV.

JULES-HERCULE DE ROHAN, prince de Guémené, duc de *DE ROHAN :*
Montbazon, pair de France, lieutenant-général des armées *De gueules*
du Roi, put, dès le 28 août 1777, ajouter à ses titres celui de *à neuf macles*
baron DE ROSTRENEN. Né en 1726, il avait eu pour père, *d'or, 3. 3. 3.*
Hercule-Mériadec de Rohan, prince de Guémené, duc de *(sceau 1242).*
Montbazon, pair de France, et pour mère Louise-Gabrielle-
Julie de Rohan-Soubise. Il avait épousé, en 1743, Marie-
Louise-Henriette-Jeanne de La Tour d'Auvergne, fille du duc
de Bouillon, vicomte de Turenne. Il comptait dans ses aïeux
paternels Jeanne de Rostrenen, vicomtesse de Rohan.

A partir de cette époque (1) le prince de Guémené disposa
de la baronnie et de tous ses membres, comme de chose à lui.
Les baux sont passés en son nom par « noble maître René-
François Le Breton, sieur de Ranzégat, avocat au parlement,
intendant et conseil en Bretagne de monseigneur Jules-
Hercule, prince de Rohan et de Guémené, duc de Montbazon,
pair de France, lieutenant général des armées du roi, baron
de Rostrenen, Paule, Kerjan, Glomel, Mezle et autres fiefs y
annexés, demeurant à Lorient, paroisse de Saint-Louis. » Il
vendit le 20 février 1779, au vicomte de Choiseul, baron de
Quintin, l'un des huit membres de la baronnie, appelé le fief
de Rostrenen en Plounévez-Quintin.

Mais, le 29 avril 1783, le retour de la duchesse d'Elbeuf,
comme baronne de Rostrenen, sa rentrée dans tous ses domaines (hors le fief vendu au baron de Quintin) était annoncée
solennellement à l'audience de la juridiction de Rostrenen.
(Voir cette pièce aux Actes complémentaires).

_____

(1) La baronnie de Rostrenen fut vendue moyennant la somme de sept cent vingt
cinq mille livres, dont 700,000 l. pour le prix principal, et 25,000 l. de pot de vin.

La célèbre catastrophe financière de son fils, Henri-Louis-Marie, prince de Rohan, fit au nouveau baron de Rostrenen accepter la cassation du contrat de 1777, et le retrait féodal de la duchesse d'Elbeuf. — « Désastre à faire pâlir, est-il dit dans les Souvenirs de la marquise de Créquy (VI. 9). Tout à coup le bruit se répandit que le prince de Guémené avait un déficit de 34 millions. Cette affaire fit un bruit immense. Les divers membres de la famille de Rohan se cotisèrent aussitôt pour payer les rentes courantes; Madame de Guémené signa un billet de douze millions sur ses biens personnels et vendit une forêt quatre millions, huit cent mille francs; les droits régaliens sur le port de Lorient furent cédés à l'État en 1786, en échange de la principauté de Dombes; les seigneuries du Châtel, de Recouvrance et de Carman furent également cédées à l'État pour la somme de 42 millions. Et si, à la Révolution française, quelques créanciers n'avaient pas été encore indemnisés, ce fut la faute de l'État demeuré détenteur des biens » (1).

Pour terminer ce qui concerne le Prince de Rohan-Guémené qui fut quelques années baron de Rostrenen, il émigra en Allemagne, en 1791, avec sa famille et y mourut dans un âge très avancé.

Rentrée de la duchesse d'Elbeuf dans la possession de la baronnie de Rostrenen, du 29 avril 1783 au 28 avril 1785.

Pour les raisons dites plus haut, la duchesse d'Elbeuf ne recouvra pas pour longtemps sa baronnie. Elle s'arrangea avec le prince de Rohan-Guémené pour les aliénations par lui faites et les bois de futaie vendus par lui.

---

(1) Ceux qui ont voulu attenter à l'honneur des Rohan-Guémené pour ce sujet méchamment traité dans leur article de la Biographie Bretonne, et ailleurs, ont complètement trompé leurs lecteurs. On sait d'ailleurs que cette panique fut due aux agissements des hommes d'affaires de ces grandissimes seigneurs.

Le 28 avril 1785, elle trouva un nouvel acheteur, et désormais dit adieu à un pays qui fut son séjour préféré. Elle émigra à la Révolution, et, rentrée à Paris, elle y mourut le 29 pluviôse an II (17 février 1794), dans un âge avancé.

NOTES SUR LA DUCHESSE D'ELBEUF (1).

« Au mois de décembre 1788, la duchesse d'Elbeuf était à Paris et y habitait son hôtel place du Carrousel. Elle y passa l'affreux hiver 1788-1789.

» A la fin de juillet 1789, effrayée des horreurs qui se passaient autour d'elle, elle sollicita de son district des Feuillants la permission de quitter Paris, pour se rendre à son château de Moreuil, en Picardie. Ayant obtenu des passeports, elle sortit de la ville à sept heures du matin, voyageant dans son carrosse avec ses deux premières femmes et son maitre d'hôtel, accompagnée d'une deuxième voiture qui contenait ses officiers, cuisiniers, etc., et de deux gens de livrée à cheval.

» Malgré l'effervescence qui régnait partout et la curiosité que pouvait attirer sur elle ce train un peu considérable dans un temps si troublé, elle ne fut inquiétée dans ce voyage qu'à une dizaine de lieues de Moreuil.

» Dénoncée à l'hôtel de ville de Saint-Just, on voulait la retenir et lui faire un mauvais parti. Heureusement les gens du pays découvrant qu'il s'agissait de la duchesse d'Elbeuf et qu'elle se trouvait dans le premier carrosse, s'empressèrent de la protéger, et, entourant sa voiture, se mirent à crier : *Vive la mère des pauvres !* Ces braves gens obtinrent qu'on la laissât partir sans l'inquiéter davantage et l'escortèrent jusqu'à Moreuil où elle passa tranquillement le reste de l'année 1789.

---

(1) Fournies par le comte Armel de Rougé, arrière-petit-neveu de la duchesse d'Elbeuf, tirées d'un écrit laissé par elle et porté après sa mort à la Bibliothèque des Archives, lorsque la nation fit enlever tous ses papiers.

» Le samedi, dix-sept décembre de cette même année, elle
écrit à une amie « que les impôts et les charges de toute
nature la mettent, malgré sa grande fortune, dans un tel état
de gêne qu'il lui serait impossible d'y suffire, si elle n'y mettait
la plus stricte économie. Mais, dit-elle, je me suis réduite
à la plus exacte solitude. Je me nourris de vache, de mauvais
veau, de mouton à 6 sous la livre et de l'eau à foison. Je ne
joue pas. Je me revêts de petit taffetas en hiver et de toile de
Jouy dans les autres saisons. Mais, si tout autre que mes
ennemis ne peut manquer d'avoir pitié de mon changement
de fortune, il est très vrai que le vôtre est pour moi un réel
chagrin. »

» La duchesse d'Elbeuf rentra à Paris le 29 février 1790,
avec le projet d'y passer le reste du Carême et de repartir
immédiatement pour Moreuil, après avoir fait ses Pâques. En
effet, elle y était établie le 15 avril, et les premiers mois de
son séjour s'y passèrent tranquillement. Vers le 6 ou le 7 août,
on abattit les poteaux armoriés de la seigneurie de Moreuil, et
une foule nombreuse et mal intentionnée se porta au château
et envahit les cours, demandant avec des cris féroces qu'on
lui livrât l'homme d'affaires pour le pendre. Elle défendit
énergiquement cet homme, parlementa avec le peuple et, à
force de courage et d'énergie, parvint à le sauver et à dominer
l'émeute. Le 19 mars 1791, elle revint à Paris et y resta
quelques mois, mais effrayée de ce qui se passait, espérant,
comme on faisait alors, que les puissances étrangères mettraient
sous peu un terme à tant de malheurs, et voulant se mettre
à l'abri en attendant un temps meilleur, elle se décida à se
retirer à Tournay, où elle arriva le 28 septembre 1791.

» Cette ville était pleine d'émigrés. Elle y passa quelques
mois tranquille et fort entourée. Mais, au commencement de
mars 1792, en apprenant le décret contre les émigrés et la
confiscation de leurs biens, elle se décida à rentrer en France
et arriva à Paris le 14 mars 1792. Il était temps, ses biens de
Bretagne et de Champagne venaient d'être saisis. Elle fit une

opposition ; mais les mois qui s'écoulaient ne lui apportaient plus que des malheurs publics et d'incalculables désastres de fortune. Elle supporta tout avec courage et résignation à la volonté de Dieu, et ne quitta plus Paris jusqu'à sa mort arrivée le 17 février 1794.

» Dans une lettre écrite les derniers jours de sa vie, elle s'exprime ainsi : « Je me porte mieux que jamais. Je ne sors pas de mon appartement. Je me suis faite enfin à cette vie qui m'a d'abord coûté, car j'aimais la société. On me traite aussi avec bien de l'humanité. Nous ne sommes ici qu'une douzaine de vieillards des deux sexes à qui on ne parle ni de prison, ni de gardiens. C'est qu'on sait bien que nous n'avons sûrement pas le désir d'émigrer. Donnez de mes nouvelles à mes amis, etc. »

» Elle mourut dans sa 88e année, à l'hôtel d'Elbeuf qu'elle n'avait cessé d'habiter. Comme on était alors en pleine Terreur, personne de sa famille ne se trouvait à Paris, et le lieu de sa sépulture est resté ignoré. »

XXV.

Messire Claude-François GICQUEL, chevalier, comte du NÉDO, fut l'acquéreur de la baronnie de Rostrenen. Les termes du contrat du 28 avril 1785, sont : « Très-haute, très-puissante et très-illustre Princesse Son Altesse Madame Innocente-Catherine de Rougé du Plessis-Bellière, veuve de très-haut, très-puissant et très-illustre Prince Monseigneur Emmanuel-Maurice de Lorraine, duc d'Elbeuf, pair de France, demourant en son hôtel à Paris, rue Saint-Nicaise, paroisse de Saint-Germain-L'Auxerrois, vend ses terres et seigneuries de Rostrenen, Glomel et autres, au profit de très-haut, très-puissant seigneur Claude-François de Gicquel, chevalier

GICQUEL DU NÉDO :

De gueules à la croix d'argent cantonnée de 4 cygnes de même. (Par. de Crédin, évéché de Vannes.

comte du Nédo, maréchal des camps et armées du Roi, demeurant ordinairement dans son hôtel à Vannes. (Le dit contrat au rapport de Giard et son collègue, notaires au châtelet de Paris.) (1)

Le comte du Nédo prit possession de la baronnie de Rostrenen et de ses annexes, par procuration donnée à messire Pierre-Louis Le Métayer de Kerdaniel, demeurant en son hôtel en la ville de Rostrenen; cette prise de possession dura depuis le 10 août 1785 jusqu'au 17 du même mois (2). Même cérémonial que dans la prise de possession de la dame du Coscro, Florimonde de Keradreux, et procès-verbal non moins curieux, si les prééminences d'églises et la description de leurs vitraux n'étaient très abrégées.

La baronnie de Rostrenen touchait à sa fin. Son nouveau possesseur n'eut pas le temps d'en jouir, et peut-être même n'y a-t-il pas séjourné. Que devint-il au moment de la révolution, torrent dévastateur qui bouleversa de fond en comble cette antique baronnie comme il fit de toutes choses? Le comte du Nédo dut émigrer, car beaucoup des terres de la baronnie furent vendues nationalement. Messieurs de Guichen, ses héritiers, vendirent, en 1836, ce qui leur restait de droits sur la baronnie au comte de Saisy qui reçut en même temps tout ce qui restait des archives, aujourd'hui en nos mains, pour cette raison.

Emmanuel-Joseph-Marie comte *de Saisy de Kerampuil*, né le 29 janvier 1793, marié en 1826, à *Agathe-Louise-Rosalie d'Andigné de Mayneuf*, mourut le 27 décembre 1868, après une vie toute vouée aux nobles causes et à l'agriculture. Il fut un de ces rares hommes dont la disparition est le malheur d'un pays.

(1) Le prix de vente fut de sept cent dix mille livres.

(2) Elle se trouve dans les archives de la baronnie.

Il nous reste à dire quelques mots sur la Collégiale de Rostrenen dont l'histoire est étroitement liée à celle des barons. Disons, pour son honneur, que, bien différente de celle de Carhaix dont les chanoines devinrent d'ardents révolutionnaires, elle vit tous les siens confesser la foi, comme la plupart des prêtres des paroisses de la baronnie qui furent emprisonnés ou déportés.

« La Collégiale de Rostrenen, composée de quatre chanoines,
» avait pour doyen M. Collet; il demeura fidèle à la Sainte
» Église avec ses confrères, les chanoines Étienne Le Garrec,
» Brellivet et Boutier. »

(Hist. de la persécution religieuse dans les diocèses de Quimper et de Léon, par M. l'abbé J.-M. Téphany).

FILIATIONS

DES

BARONS DE ROSTRENEN

SUCCÉDANT

AUX ROSTRENEN.

—■—

1. du **PONT-L'ABBÉ.**

2. de **FOIX DE CANDALE.**

3. du **QUÉLENNEC, Vicomtes du FAOU.**

4. de **BEAUMANOIR, Vicomtes du BESSO.**

5. de **GUÉMADEUC.**

6. de **KERADREUX.**

7. de **LANTIVY du COSCRO.**

8. de **ROUGÉ du PLESSIS-BELLIÈRE.**

I.

Notice sur les Barons du PONT-L'ABBÉ (1).

D'or au lion de gueules, armé et lampassé d'azur. (Sceau 1384).

La Baronnie du Pont-l'Abbé occupait la pointe ou presqu'île sud-ouest de Bretagne. Elle comprenait d'après M. de La Borderie, 14 paroisses. Elle avait à son extrémité la pointe de Penmarc'h. (Voir la carte féodale de M. de la Borderie.)

I. — Juhel du Pont-l'Abbé, le premier mentionné, fut pris à Dol en 1173. (H. 992).

II. — Hervé du Pont assista en 1225 à la fondation de Saint-Aubin du Cormier (Pr. I, 854). Il contribua aussi en 1233 à la fondation des Cordeliers de Quimper. (H. I, 165.) D'après Le Laboureur, il aurait épousé Plésou de Rostrenen, fille de Pierre III et de Nicole de Vitré.

III. — Geoffroy du Pont est mentionné dans un compte en 1273. (Pr. I, 1009.) Il reconnait, en 1294, devoir au Duc deux chevaliers pour la terre du Pont-l'Abbé, et un pour celle de Gallot (ib. 1114). Il avait épousé Jeanne de Malestroit et en avait eu Anne et Hervé. Il maria son fils en 1318 et il ne vivait plus en 1328. (Pr. I, 1281, 1349.)

Robert du Pont, probablement frère du précédent, devint Évêque de Saint-Malo en 1285, et mourut en 1309.

IV. — Hervé II du Pont n'avait pas encore 14 ans quand, en 1318, il vit arrêter son mariage avec Mahaut de Léon. (Pr. I, 1281.) Il fit, en 1328, un arrangement avec les seigneurs

---

(1) Notice due à M. l'abbé Le Mené, chanoine titulaire doyen de Vannes, excepté l'article sur Thibaut du Pont.

de Léon, relativement à la dot de sa femme. (Pr. I, 1349). Il embrassa, en 1341, le parti de Jean de Montfort, et, malgré les tentatives du Roi de France pour le gagner, il resta fidèle à sa cause. (H. I, 246, 254, 270. Pr. I, 1430, 1440).

Anne du Pont épousa, vers 1300, Pierre IV, sire de Rostrenen. (Pr. I, 1297.)

V. — 1. HERVÉ III, seigneur du Pont-l'Abbé, fils d'Hervé II, épousa Perronnelle de Rochefort et fonda, de concert avec elle, le couvent des Carmes du Pont-l'Abbé, le 4 mai 1383. (Pr. II, 441.) Son sceau représente un lion passant. Il prit part aux États de Rennes en 1386, et à ceux de Vannes en 1387. (H. I, 393, 398, Pr. I, 59.)

2. JEAN, mentionné en 1343, parmi les partisans de Montfort. (Pr. I, 1440.) Il fut tué à la bataille d'Auray en 1364 (1).

3. THOMAS DU PONT est mentionné dans une montre de 1371 de Bertrand du Guesclin. (Pr. I, 1653.)

4. THIBAUT DU PONT, écuyer, était capitaine de Roche-chouart en 1371. Il fut un des grands hommes de son temps. Froissart et d'Argentré racontent longuement ses hauts faits. L'un des principaux fut d'avoir fait prisonnier l'illustre chevalier Eustache d'Aubrécicourt, tant célébré par Froissart. Dans toutes les guerres de cette époque, Thibaut du Pont acquit un grand renom. Il périt au siège de Bergerac, dans un combat sous les murs de cette ville le 1er septembre 1377.

VI. HERVÉ IV, seigneur du Pont-l'Abbé, fils d'Hervé III, épousa Marie de Rosmadec. On ne sait au juste si c'est lui ou son père qui s'opposa, en 1402, à la régence du duc de Bourgogne. (H. I, 432.) Il périt au siège de Saint-James de Beuvron en 1426. (Hist. I, 498.)

VII. Jean DU PONT-L'ABBÉ, héritier de son père en 1426, épousa Marguerite de Rostrenen, héritière de cette Baronnie.

---

(1) Un sire du Pont fut tué à la bataille de Cocherel.

II.

Notice sur les Seigneurs de FOIX.

Pour ce qui concerne la filiation de Pierre de Foix, par
sa femme, Baron du Pont-l'Abbé et de Rostrenen.

*Écartelé aux 1 et 4 : d'or à trois pals de gueules, qui est Foix; aux
2 et 3 : d'or à deux vaches de gueules, accolées et clarinées d'azur,
qui est Béarn.*

(La Chesnaye des Bois, T. 8,
p. 175 et les suivantes.)

I. — JEAN, sire DE GRAILLY, Ier du nom, chevalier, suivit
toujours les intérêts d'Édouard Ier, Roi d'Angleterre, fils aîné
de Henri III. Il accompagna Édouard Ier en Terre-Sainte, en
1268. Il mourut vers 1301. Suivant un acte du 27 septembre
1280, il eut pour femme Claremonde de la Motte, d'où :

II. — PIERRE Ier, seigneur DE GRAILLY, IIe du nom, vicomte
de Bénauges et de Castillon, qualifié chevalier en 1288 ; il fut
un des seigneurs choisis par le Roi d'Angleterre pour aller
au-devant de la Princesse de Salerno. Il épousa, en 1287,
Rubéa, fille de Bernard, comte d'Astarac, d'où :

III. — PIERRE II DE GRAILLY, captal de Buch, chevalier de
l'ordre de la Jarretière, qui suivit, comme son père et son
aïeul, le parti des Anglais, mari 1° d'Assalide de Bordeaux,
captale de Buch (1), qualité à laquelle sont attachés des
privilèges considérables au Parlement de Bordeaux et dans

---

(1) Buch, siège d'un captalat important au moyen âge, se trouve au milieu de
forêts de pins, près de l'étang d'Arcachon.
(Notes dans Froissart, Baron de Lettenhove).

la ville, et 2° en 1328, de Rosamburge de Périgord, fille d'Élie de Talleyrand, comte de Périgord et de Brunissende de Foix.

Cette Rosamburge de Périgord fut la mère d'Archambaut qui suit :

IV. — Archambaud de Grailly, vicomte de Benauges. En 1381, il épousa Isabelle de Foix, sœur de Mathieu de Foix qui, neuf ans après, recueillit le comté de Foix. En 1400, le roi de France remit tous ses griefs à Archambaud de Grailly, comte de Foix, qui avait servi les Anglais.

Le 23 mars de cette même année, Archambaud de Grailly fit hommage du Comté de Foix au Roi de France.

Il mourut en 1413, et fut père de :

V. — Gaston de Foix, Ier du nom de sa branche, captal de Buch, seigneur de Grailly, second fils d'Archambaud de Grailly et d'Isabelle comtesse de Foix, suivit toute sa vie le parti du Roi d'Angleterre, à cause des biens qu'il avait en Guyenne. Il fut chevalier de l'ordre de la Jarretière, et épousa, au nom de Henri IV, Roi d'Angleterre, Catherine de France, fille de Charles VI.

Il avait pour devise : *Qui m'aimera, je l'aimerai.*

Il épousa Marie d'Albret, fille d'Arnaud, sire d'Albret, vicomte de Tartas, et de Marguerite de Bourbon, sœur de Jeanne, femme du Roi Charles V. Elle testa et mourut à Bordeaux en 1453.

VI. — Jean de Foix, comte de Candale, captal de Buch, chevalier de l'ordre de la Jarretière, mourut environ l'an 1485. Le 4 mai 1478, il avait épousé Marguerite de la Pole-Suffolk, comtesse de Candale, en Angleterre, fille de Richard duc de Suffolk, et de Marie dite de Sicile, d'où :

VII. — Gaston de Foix, IIe du nom, comte de Candale, captal de Buch, qui testa le 25 mars 1500, et fit la Reine Anne de Bretagne son exécutrice testamentaire.

Il avait épousé : 1° en 1469, Catherine de Foix, infante de Navarre, fille puinée de Gaston IV, comte de Foix, et d'Éléonore d'Aragon, Reine de Navarre; et 2° le 30 janvier 1494, Isabelle d'Albret, fille d'Alain, sire d'Albret, comte de Dreux, etc., et de Françoise de Blois, dite de Bretagne. Par ce second mariage, Gaston de Foix renonça au titre de captal de Buch, que la maison d'Albret avait pris depuis la mort de Jean de Grailly, époux de Rose d'Albret. (Le célèbre captal de Buch.)

Du premier mariage vinrent :

VIII. — 1. GASTON qui recueillit leur succession.

2. JEAN, lequel n'avait que 18 ans lorsqu'il fut élu Archevêque de Bordeaux, en 1501, à la prière de Louis XII. Il mourut le 25 juin 1529, et fut enterré dans l'église des Carmes de Langon ;

3. PIERRE, baron de Langon, seigneur du Pont et de Rostronen, par sa femme Louise du Pont, fille unique de Jean III, seigneur du Pont-l'Abbé, et de Catherine de Brosse, mourut sans enfants ;

4. ANNE, mariée à Bude, le 6 mars 1502, à Ladislas de Pologne, Roi de Bohême et de Hongrie, surnommé Le Bon, fils aîné de Casimir IV° du nom, Roi de Pologne, et d'Élisabeth d'Autriche.

III.

Notice sur les du QUÉLENNEC, vicomtes du Faou (1), barons du Pont et de Rostrenen.

D'hermines au chef de gueules, chargé de trois fleurs de lys d'or.

I. — Jean DU QUÉLENNEC devint vicomte du Faou, vers 1410, par sa jeune femme Tiphaine du Faou qu'il avait épousée depuis 1371 (Pr. II. 379). Il écartela ses armes du Quélennec et du Faou, c'est-à-dire qu'il porta au 1 et au 4 d'hermines au chef de gueules, chargé de trois fleurs de lys d'or, au 2 et 3 d'azur au léopard d'or.

II. — Jean DU QUÉLENNEC, vicomte du Faou, leur fils et successeur, épousa Louise du Juch dont il eut plusieurs enfants. Après avoir figuré dans les comptes du Trésorier en 1427 et années suivantes, il fut nommé, en 1432, gouverneur de Brest, et en 1433 *amiral de Bretagne*. (Pr. II. 1206, 1223, 1256, 1259, 1261, 1371, 1412.) Il fut témoin, en 1442, de la mort de Jean V, et de l'avènement de François I.

III. — Jean DU QUÉLENNEC, fils des précédents, né vers 1425 à Erquy, épousa Marie de Poulmic, dont il eut un fils nommé Guyon. Il succéda à son père comme vicomte du Faou, seigneur du Quélennec, et *amiral de Bretagne*. En 1453, il conduisit une flotte devant Bordeaux et contribua à faire capituler la ville. Il assista, en 1457, au couronnement du duc Arthur, et en 1458 à celui de François II. Il arrêta, en 1462, les Anglais qui avaient débarqué au Conquet, prit part, en 1465, à la

---

(1) Notice extraite des œuvres manuscrites de M. l'abbé Le Mené, chanoine titulaire, Doyen du Chapitre, sur les grandes maisons de Bretagne.

guerre du Bien-Public, et tenta vainement, en 1468, d'arrêter les Français qui menaçaient la Bretagne. Il ratifia, en 1476, le traité de Senlis, et empêcha, en 1482, de livrer le comte de Richemont au roi d'Angleterre. (II. II. 51, 63, 71, 107, 129, 149). Il mourut au commencement de 1484, car, le 17 avril de cette année, son petit-fils et successeur obtint la remise du droit de rachat. (Pr. III. 460.)

IV. — 1. Guyon DU QUÉLENNEC, fils ainé de Jean et de Marie de Poulmic, épousa Jeanne de Rostronen, fille de Pierre VIII, sire de Rostronen, et de Jeanne du Guermeur, dont il eut plusieurs enfants. Il reçut, en 1453, le collier de l'ordre du Duc (Pr. II. 1645), prit part aux événements contemporains, et mourut avant son père.

2. Pierre DU QUÉLENNEC, son frère, mourut capitaine de Morlaix en 1488. (Pr. III. 583.)

V. — Jean IV DU QUÉLENNEC, fils ainé de Guyon et de Jeanne de Rostronen, fit ses premières armes sous son aïeul, à qui il succéda en 1484, comme vicomte du Faou, seigneur du Quélennec et amiral de Bretagne. (Pr. III. 460.) Il choisit pour lieutenant, le 25 janvier 1486, son cousin Bizien de Kerousy (ib. 535). Dans la guerre de 1487 et 1488, il soutint vivement le duc François II contre la France (ib. 650); mais en 1489 il se laissa gagner au parti du Roi : ce qui lui attira, de la part de la duchesse Anne, la perte de sa charge d'amiral.

De son mariage il laissa un fils nommé Charles, et mourut en 1522.

2. Françoise, sa sœur, épousa, en 1478, Alain de Rosmadec.

VI. — Charles DU QUÉLENNEC, épousa, le 7 février 1517, Gillette du Chastel, fille de Tanguy et de Louise du Pont, et recueillit, à la mort de son père, le Faou et le Quélennec. Il perdit sa femme de bonne heure, puisque, en 1527, il était tuteur de son fils Jean (Pr. III. 973). Il assista, en 1529, au mariage de son cousin Louis de Rohan-Guémené (ib. 985), fut l'un des bienfaiteurs de l'église de Rumengol, en 1536, comme le prouve son écusson écartelé du Quélennec et du Faou, et mourut en 1543.

VII. — 1. Jean V du Quélennec, fils des précédents, baron du Pont et de Rostronen, du chef de sa mère, seigneur du Quélennec, et vicomte du Faou, après son père, épousa, en 1538, Jeanne de Maure, fille de François et d'Hélène de Rohan-Guémené, et en eut un fils et deux filles. Il fit son testament, le 20 août 1553, au château de Quintin, et fut inhumé quelques jours après à Rostronen.

2. Marie, née en 1522, épousa Joachim I de Sévigné.

VIII. — Charles du Quélennec, fils de Jean et de Jeanne de Maure, devint, en 1553, vicomte du Faou, baron du Pont et de Rostronen, s^r du Quélennec, de Coëtmeur, etc. Il se fit calviniste, et épousa, en 1568, la savante Catherine Larche-vêque, dame de Parthenay et de Soubise. (Pr. III. 1400.) Il souleva le Périgord et fut fait prisonnier à la bataille de Jarnac; il remplaça La Noue, en 1570, s'empara de Fontenay-le-Comte, fut blessé au siège de Saintes, et périt dans la nuit de la Saint-Barthélemy, en 1572, sans laisser de postérité (Biog. br. II. 665).

2. Jeanne du Quélennec épousa, vers 1553, Jacques de Beaumanoir, vicomte du Besso, et son fils unique, Toussaint, recueillit, en 1572, les biens maternels.

3. Marie du Quélennec, dame du Bourgneuf, épousa N. d'Entragues.

Suite des vicomtes du Faou.

1572. Toussaint de Beaumanoir, marié à Anne de Guémadeuc.

1590. Hélène de Beaumanoir, mariée en 1599 à René de Tournemine, baron de La Hunaudaye, et, en 1609, à Charles de Cossé-Brissac, marquis d'Acigné.

1630. Marie-Fr. DE GUÉMADEUC, et François de Vignerot de Pontcourlay, neveu et héritier du cardinal de Richelieu.

1674. Armand-Jean DU PLESSIS, duc de Richelieu, leur fils.

1715. Louis-Armand DU PLESSIS, duc de Richelieu.

17. . M. MAGON DE LA GERVAISAIS, marquis en 1768.

IV.

Filiation des BEAUMANOIR, vicomtes du Besso.

D'azur à onze billettes d'argent 4, 3, 4 (Sceau 1208). — Devise : J'AIME QUI M'AIME, ET BEAUMANOIR, BOIS TON SANG.

Hervé de Beaumanoir vivait en 1202, et combattit à Bouvines en 1214.

(La Chesnaye-des-Bois.)

I. — Robert DE BEAUMANOIR, second fils de Jean II et de Marie de Dinan, et frère de Jean III de Beaumanoir le chef des Bretons au combat des Trente, fut chambellan du duc de Bretagne et capitaine de Vannes, et épousa Etiennette du Besso (*d'or à 3 chevrons de sable.* Saint-André-des-Eaux, évêché de Dol), d'où :

II. — Jean DE BEAUMANOIR, chevalier, vicomte du Besso, Ier du nom, épousa Jeanne Boutier, fille d'Alain, seigneur de la Motte-Boutier, écuyer, et d'Aliette de Montelieu, dame de la Claye.

III. — Jean DE BEAUMANOIR, II° du nom, chevalier, vicomte du Bosso, seigneur de la Claye, chambellan du duc de Bretagne, épousa Yvette de Boishamon.

IV. — Jean de BEAUMANOIR, III° du nom, chevalier, vicomte du Bosso en 1448, épousa Jeanne, dame de la Borne, d'où :

V. — Briant DE BEAUMANOIR, chevalier, vicomte du Bosso, épousa, en 1458, Marguerite de Creux, fille d'Olivier et d'Isabeau de Tréal, d'où :

VI. — Gilles DE BEAUMANOIR, chevalier, vicomte du Bosso et chambellan de François II, duc de Bretagne, épousa Jacquemine du Parc, dame de la Motte du Parc, d'où :

VII. — Charles DE BEAUMANOIR, chevalier, vicomte du Bosso, épousa Isabeau de Busson, fille de Guillaume et de Jeanne de Sévigné, d'où :

VIII. — Jacques DE BEAUMANOIR, chevalier, vicomte du Bosso, marié 1° à Adelice de la Fouillée, fille de François, chevalier, seigneur de la Fouillée, et de Cyprienne de Rohan; et 2° le 12 février 1550, avec Jeanne du Quellénec, fille de Jean, baron du Pont, et de Jeanne de Maure. Du premier mariage : Marguerite DE BEAUMANOIR, femme (en 1561) de Tanguy, sire de Rosmadec, fils d'Alain et de Jeanne de La Chapelle; et Jeanne, femme de Noël de Tréal, seigneur de Beaubois. Du second :

IX. — Toussaint DE BEAUMANOIR, chevalier, vicomte du Bosso, baron du Pont et de Rostrenen, baptisé à Jugon, le 1er novembre 1554, créé chevalier de l'ordre du Roy, capitaine de 50 hommes d'armes de ses ordonnances, maréchal de ses camps et armées en Bretagne, mort à Rennes, le 12 mars 1590, d'une blessure qu'il avait reçue devant Ancenis, n'eut d'Anne de Guémadouc, son épouse, fille de François et d'Hélène de La Chapelle, qu'une fille nommée

X. — Hélène DE BEAUMANOIR, baronne du Pont et de Rostrenen, vicomtesse du Faou, mariée 1° à René de Tour-

nomine, baron de la Hunaudaye, mort sans enfants le dernier
février 1607 ; 2° à Charles de Cossé, marquis d'Acigné, second
fils de Charles, comte de Brissac, maréchal de France, et
de Judith, dame d'Acigné. Elle mourut sans enfants en 1636.

V.

Filiation des GUÉMADEUC jusqu'à Marie-Françoise, Baronne de Rostrenen.

(Le Laboureur.)

D'argent au lion de sable, accompagné de six coquilles de même.

I. — Rolland MADEUC, chevalier, seigneur du Guémadeuc,
en la paroisse de Plénouf, l'an 1300, épousa Alix Bertrand,
dite de Briquebec, d'où :

II. — Rolland MADEUC, seigneur du Guémadeuc, épousa,
l'an 1330, Marguerite, fille de Hervé, sire de Penhoët, et
d'Anne du Chastel, d'où :

III. — Rolland III, seigneur DU GUÉMADEUC (l'an 1352 et
1380), épousa Jeanne, fille puisnée de Jean, seigneur de Combourg, et sœur de Jeanne, femme de Jean, sire de Châteaugiron et de Malestroit, d'où :

IV. — Rolland IV, chevalier, seigneur DU GUÉMADEUC,
marié 1° à Marie de Goyon, fille de Bertrand de Matignon et
de Jeanne de Rieux ; 2° à Marguerite de Kerimel, fille de
Geoffroy, mareschal de Bretagne, et d'Adelice de Launay, d'où :

V. — Rolland V, seigneur DU GUÉMADEUC, l'an 1400 et 1420,
épousa 1° Jeanne du Parc, dame de Launay et de Crenolles ;

et 2° Honorée de Montboucher, fille d'Alain et de Jeanne Le Voyer, dame de La Tourniole.

VI. — Rolland VI, seigneur DU GUÉMADEUG, fils de Rolland V, et de Jeanne du Parc, vivait en l'an 1430 et 1460. Chambellan du duc de Bretagne, il se maria avec Isabeau (ou Jeanne) de Goyon, fille de Jean, seigneur de Matignon, et de Marguerite de Mauny, d'où :

VII. — Rolland VII, seigneur DU GUÉMADEUG, épousa Catherine, fille de Pierre VIII de Rostrenen, et de Jeanne du Guermeur, d'où :

VIII. — Rolland VIII, seigneur DU GUÉMADEUG, épousa Perronnelle, fille de Jean, sire de Coëtquen, et de Jacquemine de Tournemine, d'où :

IX. — Jacques, seigneur DU GUÉMADEUG et vicomte de Rezé, épousa Françoise, fille et héritière de Jean, seigneur de Trévecar, de Beaulieu et du Verger, vicomte de Rezé, d'où :

X. — Jacques, seigneur DU GUÉMADEUG et vicomte de Rezé, épousa Madeleine du Chastellier, deuxième fille de François, vicomte de Pommerit, baron de Marcé, et de Jeanne de Rohan, d'où :

XI. — François, seigneur DU GUÉMADEUG, vicomte de Rezé, baron de Blossac, grand écuyer héréditaire de Bretagne, mourut l'an 1574. Il épousa 1° Marguerite de Québriac-Blossac, fille de Thomas et de Claude de Guité ; 2° Hélène de La Chapelle, dame de Beuvres, de Plédran, de Limoëlan, de la Villeheliou, et fille de Jean, seigneur de Beuvres, et de Marguerite de Kersaliou, d'où une fille unique : Anne DU GUÉMADEUG, femme de Toussaint de Beaumanoir. Du 1er mariage naquirent Thomas, qui suit, et Georges, seigneur de Trévecar, auteur d'une autre branche.

XII. — Thomas, seigneur DU GUÉMADEUG et DE QUÉBRIAC, vicomte de Rezé, baron de Blossac et grand écuyer de Bretagne, épousa Jacquemine de Beaumanoir, fille de Jacques do Beaumanoir, vicomte du Besso, et de Jeanne du Quélennec, dont Toussaint DU GUÉMADEUC (tué en duel par le baron de la Hunaudaye), mort sans enfants, et Thomas, qui suit :

XIII.— Thomas, seigneur DU GUÉMADEUC, baron de Blossac, vicomte de Rozé, etc., se maria avec Jeanne Ruellan, fille de Gilles, seigneur du Rocheportal, et de Françoise Miolaix et sœur aînée de la duchesse de Brissac (1), d'où :

XIV. — Marie Françoise, dame DU GUÉMADEUC et DE QUÉBRIAC, baronne de Blossac, vicomtesse de Rozé, fille unique, a hérité encore à cause d'Hélène de Beaumanoir, marquise d'Acigné, sa cousine, des baronnies du Pont et de Rostrenen, de la vicomté du Faou, etc. (2).

VI.

Filiation des KERADREUX jusqu'à Florimonde, Baronne de Rostrenen

D'argent à trois léopards d'azur.

(D'après du Paz, p. 553, et d'après le manuscrit de la réformation et les archives de la baronnie de Rostrenen.)

I. — Guillaume DE KERADREUX, vivait en 1378, et fut père de :

II. — Jean DE KERADREUX, marié à Olive de Bodegat, fit partie de la ligue des seigneurs contre les Penthièvre, en 1420. Il fut père de

---

(1) Pourquoi Le Laboureur ne parle-t-il pas de la mort tragique de Thomas DE GUÉMADEUC ?

(2) Ce fut pendant les années 1643 et 1653 que le Vénérable Père Maunoir vint faire entendre aux habitants de Rostrenen, dans l'église collégiale, ses ardentes prédications. Ainsi, cette église des Barons de Rostrenen a vu trois Saints y prêcher la parole de Dieu : saint Yves, saint Vincent Ferrier et le Vénérable Père Maunoir.

La note (2) doit être reportée à la page 50.

III. — 1. Jean DE KERADREUX, seigneur des Aulnays, conseiller du duc et maitre d'hôtel d'Alain IX, vicomte de Rohan, qui lui donna la garde mutuelle de ses enfants, Jean et Catherine de Rohan, par testament fait aux Aulnays, le 1er mars 1454. Il avait épousé Marie de Montauban, sœur de Guillaume de Montauban, son beau-frère, tous deux enfants de Guillaume Ier et de Jeanne de Brocheroul. D'où trois fils qui suivront :

2. Jeanne DE KERADREUX, première femme de noble et puissant Guillaume de Montauban, dont elle eut Philippe de Montauban, qui succéda à son père en 1486, et fut chancelier de Bretagne, et joua un si grand rôle sous Anne de Bretagne.

IV. — 1. René DE KERADREUX, attaché à la maison de Jean II, vicomte de Rohan, et mari (?) de Catherine de Rohan, renfermée dans une tour du château de Josselin par son frère, et pour laquelle il se fit massacrer au pied de cette tour par les gens du vicomte, en 1479 (voir le grand nombre d'articles sur cette affaire dans D. Morice).

2. Alain DE KERADREUX, chevalier, seigneur de Neuvillette et des Aulnays, lieutenant de noble et puissant Philippe de Montauban, son cousin-germain, fut seigneur de Neuvillette et des Aulnays, et mourut sans enfants.

3. Jean DE KERADREUX devint, par son frère, seigneur de Neuvillette et des Aulnays. Il fut père de

V. — Bertrand, qualifié noble et puissant, vicomte de Neuvillette et seigneur des Aulnays, auxquels les titres de procédure pour la succession d'Hélène de Beaumanoir, marquise d'Acigné, donnent incontestablement pour seconde femme, après Gillette Hay, dame du Breil, Jeanne de La Chapelle de Beuvres (1), fille de François de La Chapelle, seigneur de

----

(1) Le testament de Pierre de Rohan, baron de Pont-Château, des 12 et 22 juin 1518 (D. Morice, Pr. III, 913), nous montre que sa femme était Jeanne de La Chapelle, nièce, y est-il dit, de haut et puissant Jehan de Proisy, baron de la Bocce ; c'est donc bien la même qui, veuve de Pierre de Rohan, épousa Bertrand de Keradreux. (DE LA CHAPELLE DE BEUVRES : *d'argent à six annelets d'azur*, 3. 2. 1.)

Plédran, La Villehélyo et de Bouvres, et de Jacquette de Proisy, dont le fils aîné, Jean de La Chapelle, eut de Marguerite de Kersaliou, Hélène de La Chapelle, femme de François de Guémadeuc, lesquels furent père et mère d'Anne, femme de Toussaint de Beaumanoir, baron du Pont et de Rostrenen, vicomte du Faou, etc.

Bertrand eut pour enfants, du premier mariage, peut-être :

VI. — 1. Joachim DE KERADREUX, dont la postérité est tombée dans la maison d'Aubigny, au Maine. Et du second :

2. Christophe DE KERADREUX, seigneur des Aulnays, second fils, qui épousa Sébastienne Boscher, dame de La Ville-moysan, d'où :

VII. — François DE KERADREUX, seigneur des Aulnays, etc., qui épousa, en 1599, Marie de La Tronchaye. Il mourut le 30 juillet 1652, et fut inhumé dans l'église de Lanouée, d'où :

VIII. — Claude DE KERADREUX, seigneur des Aulnays, né en 1602, qui épousa, en 1622, Ambroise de Losmays, d'où :

IX. — Florimonde DE KERADREUX, dame des Aulnays, née en 1637, femme de messire Louis-François de Lantivy, seigneur de Cosero (en Lignol), conseiller au parlement de Bretagne (6 avril 1655). Elle devint baronne de Rostrenen, en 1670, du chef de François de Keradreux, l'un des héritiers de la succession d'Hélène de Beaumanoir. Elle mourut à Rennes, en juillet 1701, et fut la dernière de la branche aînée de sa maison.

Cette maison de Keradreux a de grandes alliances dans son passé et a un long rôle dans l'histoire de Bretagne ; ils furent constamment attachés à la cour des ducs de Bretagne, ou à celle de la puissante et grande maison de Rohan. Le testament d'Alain IX, vicomte de Rohan (1), fut fait dans leur manoir des Aulnays (en Lanouée), le 1er mai 1454. Il y nomme pour ses éxécuteurs testamentaires Monsieur de Guémené et

---

(1) Alain IX, vicomte de Rohan, avait épousé (23 avril 1407), Marguerite de Bretagne, en 1res noces, fille de Jean IV, duc de Bretagne, et de Jeanne de France-Navarre.

Jean de Keradreux, son maitre d'hôtel, à qui il donne la garde
naturelle de Jean et Catherine de Rohan, ses enfants, de son
second mariage avec Marie de Lorraine.

Voici, plus en détail, le fait aussi romanesque que tragique
auquel René de Keradreux, son fils, doit sa célébrité. C'est
Dom Morice qui parle (H. II, 138) :

« *An 1479. — Mort de Keradreux.* — Le vicomte Jean de
Rohan (1) avait enfermé une de ses sœurs dans la tour du
château de Josselin ; et, loin d'adoucir la rigueur de sa prison,
il ne permettait pas qu'elle parlât à personne. Keradreux (René
de Keradreux), gentilhomme attaché au vicomte, ne fut que
trop sensible aux malheurs de mademoiselle de Rohan (2) ;
peut-être même en était-il la cause, puisqu'elle trompa la
vigilance de ses gardes, et qu'elle trouva le moyen de lui écrire,
pour le prier de se trouver à une fenêtre basse du château.
Keradreux fut exact au rendez-vous ; mais à peine y était-il
arrivé qu'il fut attaqué par quelques gentilshommes qui se
trouvaient alors dans le château de Josselin. Keradreux,
surpris d'une attaque aussi brusque, fit face au danger, et
défendit sa vie avec toute la bravoure possible. Mais, accablé
sous la multitude des coups qu'il reçut, il resta mort sur
la place. Le Duc, informé de cette nouvelle, soupçonnant
le vicomte de cet assassinat, le fit arrêter le 3 novembre,
et enfermer au château de Nantes. On arrêta en même temps
Vendrole et Kersaudi, qui furent mis au Bouffai. D'autres
accusés de ce meurtre se réfugièrent dans l'église des Carmes
de Nantes. Le Duc ne voulut pas violer la sainteté de cet asyle,
mais il les y fit observer et garder pendant près de deux ans. »

---

(1) Jean II, de Rohan, fils, comme sa sœur Catherine, d'Alain IX, vicomte de
Rohan, et de Marie de Lorraine, avait épousé, en 1468, Marie de Bretagne, seconde
fille de François Ier, duc de Bretagne, et d'Isabeau d'Écosse.

(2) Voyez généalogies de Rohan. (D. Morice, Hist. I.) On y donne René de Keradreux
pour mari à Catherine de Rohan. Un poète ferait une tragédie de cette romanesque
histoire, et le château de Josselin ferait merveille dans les décors.

VII.

Filiation des LANTIVY DU COSCRO.

De gueules à l'épée d'argent en pal la pointe en bas.

Devise : Qui désire n'a repos.

« Noblesse l'une des plus anciennes et des mieux alliées de la Bretagne, où elle est connue dès le xiii° siècle, dit La Chesnaye-des-Bois. On prétend qu'elle est originaire d'Angleterre, et que deux frères passèrent de ce royaume en Bretagne où ils se fixèrent par des mariages avantageux.

L'aîné, *Jean de Lentivi,* chevalier baron d'Arches, seigneur de Combes, n'eut point d'enfants de *Julienne de Rochechouart* et de *Françoise de Cramezel,* ses deux femmes. »

I. — Le cadet, nommé Pierre de Lentivi, chevalier, seigneur de Saint-Urcin et de Vaudemont, étant devenu veuf sans enfants d'Aliénor de Lanvaux (1), des anciens barons de Lanvaux, se remaria, en 1298, avec Adelice de Baud, fille et héritière de Guillaume de Baud, chevalier, et de Béatrix de Lanvaux. Il eut de cette seconde femme pour fils aîné, Raoul qui suit. On rapporte que ce Pierre avait le don singulier de guérir par le *toucher* d'une espèce de mal appelé *malitouche,* don qui ne peut être qu'une faveur du ciel. Ses descendants se vantent d'en jouir et de guérir encore ceux qui leur sont présentés.

II. — Raoul de Lentivi, chevalier, seigneur de Quernazel, Saint-Urcin, Quervonalléo, Quervili, etc., épousa : 1° Alliette

---

(1) M. de Courcy dit : Pierre, marié vers 1350 à Aliénor de Lanvaux, père de Raoul qui fit hommage au vicomte de Rohan en 1396 et épousa : 1° Alliette de Lannouan ; 2° Aliénor de Kerfau ; 3° Alix de Baud, etc. Comment donc la Chesnaye-des-Bois donne-t-il la date de 1298, invraisemblable ?

12

de Lannouan, 2° Aliénor de Querfeu de Kerfau, de laquelle il n'eut point de postérité, et 3° Alix de Baud. Du premier mariage naquirent plusieurs enfants, entre autres Jean qui suit et Olivier de Lentivi, lequel ratifia la paix de Guerrande entre le Roi et le Duc de Bretagne, comme il se voit dans l'acte de 1381, rapporté à Saint-Brieuc, scellé du sceau dudit Lentivi. Cet acte est déposé à Paris chez M. Dupuis, garde des Chartes de France.

Du 3ᵐᵉ mariage vint entre autres enfants pour fils aîné :

III. — Éon de Lentivi, auteur de la branche des seigneurs du Coscro qui, quoique cadette, devint la plus riche et la plus renommée (1). Dans le manuscrit de la réformation de la noblesse de Bretagne, années 1668 et suivantes (biblioth. Richelieu), Éon est appelé Yvon de Lantivy, employé dans la réformation de 1427, et le dit Yvon y est dit fils juveigneur de Raoul de Lantivy et de dame Adelice de Baud. Continuant d'après le manuscrit, sa femme fut Marie de Kerguézangor, d'où :

IV. — Charles de Lantivy, seigneur de Kvenno, épousa Marie de Lopriac, d'où :

V. — Louis de Lantivy, épousa Jeanne Le Gouvello, seigneur et dame du Coscro (en Lignol), qu'elle apporta (cette terre était sergentise féaudée de Guémené). Ils vivaient en 1504. D'eux naquit :

VI. — Charles de Lantivy, seigneur du Coscro, qui épousa Jeanne Fournoir, d'où :

VII. — Jean de Lantivy, seigneur du Coscro, qui épousa Jeanne Chohan, de la maison de Coëtcandec, d'où :

---

(1) « Cette branche, ajoute La Chesnaye-des-Bois, duquel est tout ce qui précède, finit à la 8ᵉ génération, dans Claude-François de Lentivi, seigneur du Coscro, lequel de son mariage avec Anne-Christine Lévesque de Langourla, laissa pour fille unique Florimonde de Lentivy, riche héritière, mariée à N. de Rougé, marquis du Plessis-Bellière, père d'Innocente-Catherine de Rougé de Bellière, princesse d'Elbœuf. »

VII. — Louis DE LANTIVY, seigneur du Coscro, qui épousa, en février 1596, Andrée de Callac, d'où :

IX. — Louis DE LANTIVY, seigneur du Coscro, chevalier, conseiller au Parlement de Bretagne, épousa, en novembre 1626, dame Françoise Guiomar, dame de Randrecar, d'où :

X. — François-Louis DE LANTIVY, chevalier, seigneur du Coscro, conseiller au parlement de Bretagne, marié le 6 avril 1555, dans la chapelle de la maison noble des Aulnays (en Lanouée), à Florimonde de Keradreux, fille de Claude de Keradreux, seigneur des Aulnays, et d'Ambroise de Lesmays, laquelle devint baronne de Rostrenen, d'où :

XI. — Claude-François DE LANTIVY, chevalier, seigneur du Coscro, conseiller au Parlement de Bretagne, qui épousa (contrat du 22 novembre 1681) Anne-Christine Lévesque de Langourla, fille de messire Louis Lévesque de Langourla et de Marguerite de Baud. Il mourut le 2 septembre 1689, laissant deux enfants. Son frère, Julien-Louis, appelé le chevalier du Coscro, est célèbre dans la conspiration de Pontcallec. Il mourut le 22 juillet 1740, et fut le dernier des Lantivy du Coscro.

XII. — 1. Jean DE LANTIVY, seigneur du Coscro, qui hérita de sa grand'mère Florimonde de Keradreux, morte le 14 juillet 1700, de la Baronnie de Rostrenen; il mourut sans alliance en 1703.

2. Florimonde-Renée DE LANTIVY, sœur de Jean et son héritière, fut mariée à Lignol, le 21 février 1705, à messire Jean-Gilles de Rougé, marquis du Plessis-Bellière, fils de haut et puissant seigneur Henri-François de Rougé, marquis du Plessis-Bellière, mort à Suze, en 1692, et de Françoise-Pétronille Jégou de Kervillio. Florimonde-Renée de Lantivy, baronne de Rostrenen, mourut à son château de Rostrenen, le 13 mai 1748, et fut inhumée dans la collégiale, le 15 mai 1748.

———————

VIII.

ROUGÉ, seigneurs de Rougé, de Derval, des Rues, du Plessis-Bellière, etc.

Branche de ROUGÉ DU PLESSIS-BELLIÈRE (1).

De gueules à la croix pattée et alésée d'argent. (Sceau 1276.)
Aliàs écartelé de Derval. (Sceau 1352.)

Laissant de côté tous les premiers Rougé qui figurent depuis 1040, et dont la filiation n'est pas bien établie, je commence la généalogie de cette grande maison au suivant.

I. — Bonabes DE ROUGÉ, Ier du nom, fut un de ceux qui se confédérèrent contre Henri II, roi d'Angleterre. Il donna, en 1183, à l'abbaye de Meleray, les dismes de Saint-Aubin des Châteaux ; père de

II. — Olivier DE ROUGÉ, Ier du nom, épousa Agnès...

III. -- Olivier DE ROUGÉ, IIe du nom.

IV. — Bonabes DE ROUGÉ, IIe du nom, confirma, en 1225, les privilèges accordés par le duc Pierre Mauclere aux habitants de Saint-Aubin-du-Cormier. Il mourut avant l'an 1252 et fut enterré dans le cloitre de l'abbaye de Méleré.

V. — Olivier DE ROUGÉ, IIIe du nom, épousa Agnès de Derval, fille et héritière de Guillaume de Derval. Il signa, en 1275, une lettre de don faite par Bonabes de Derval, ayeul de sa femme, et fit le voyage d'Aragon en 1285.

(1) Généalogies Chérin, manuscrit. Biblioth. Richelieu (vol. 179, Chérin.)

VI. — Guillaume DE Rougé, Ier du nom, seigneur de Rougé et de Derval, épousa 1° Marie de la Haie, 2° la fille ainée de messire Émeri de Neufville, seigneur dudit lieu et de la Cornouaille, en Anjou, et de la dame héritière de La Rochediré, laquelle, après la mort de Guillaume de Rougé, se remaria, comme il est vraisemblable, à Bonabes de Rochefort, auquel elle fit une donation par son testament.

VII. — Jean DE Rougé, Ier du nom, seigneur de Rougé et de Derval, par la mort de son frère ainé, Bonabes III de Rougé (du 1er mariage de Guillaume Ier avec Marie de la Haie), et seigneur de Neufville, de la Rochediré et de la Cornouaille, du chef de sa mère, fut tué à la bataille de la Rochederrien, près Tréguier, le 20 juin 1347, tenant le parti de Charles de Blois. Ici, nous laissons la branche ainée se continuer par Bonabes IV de Rougé qui, pris à la bataille de Poitiers, fut envoyé en otage en Angleterre par le roi Jean, et mourut en 1377, laissant de Jeanne de Saint-Mars-de-la-Pille, Gallehaut DE Rougé, mari de Marguerite de Beaumanoir, d'où Jean DE Rougé, seigneur de Derval, Neufville, Saint-Mars-de-la-Pille, etc., et vicomte de La Guerche, qui, marié à Béatrix de Rieux (1), n'eut pas d'enfants, et ses sœurs, Jeanne et Olive, portèrent tous les biens de la branche ainée, Rougé, Derval, Guémené-Penfaut, La Guerche, Saint-Mars-de-la-Pille, Neufville, à Armel de Châteaugiron et à Jean du Perrier, comte de Quintin. Et nous continuons la filiation de Rougé, dans sa branche du Plessis-Bellière, par Émory, frère de Jean de Rougé, Ier du nom.

Émory DE Rougé, fils puiné de Guillaume de Rougé, seigneur de Rougé et de Derval, et de N. de Neufville, sa deuxième femme, eut en partage la terre des Rues, en la paroisse de Chénillé, dépendante de la terre de la Rochediré; et, suivant l'usage de ce siècle, il en prit le nom (2).

---

(1) Béatrix de Rieux, fille de Jean, sire de Rieux et de Rochefort, seigneur de Fougères, etc.; maréchal de France, et de Jeanne de Rochefort, baronne d'Ancenis.

(2) Son alliance, n'étant point indiquée dans cet auteur, Gervais, qui suit, est-il son fils ou son frère ?

VIII. — Gervais DE ROUGÉ, seigneur des Rues, épousa Marguerite de Roncerai, d'où :

IX. — Hugues DE ROUGÉ épousa, le 21 mars 1375, Jeanne d'Erbrée (*d'argent à 3 mollettes d'éperon de sable*). Il vivait en 1385 et 1413.

X. — Jean DE ROUGÉ DES RUES épousa 1° Marie de Vrigné, et ce, par contrat de l'an 1388, par lequel on lui donna la terre de Marpatu que Marguerite de Ronceray, sa grand'mère, avait tenue en douaire. Elle était fille de Geoffroy et de Marguerite, héritière de Moiré et sœur d'Amaury de Vrigné, seigneur de Moiré ; 2° par contrat du 30 mai 1421, Jeanne d'Orvaux, fille de Jean d'Orvaux, seigneur de Champiré et de Marie du Bois, fille aînée de Robin du Bois.

XI. — Estienne DE ROUGÉ DES RUES, escuyer, seigneur du dit lieu, né du second mariage de Jean avec Jeanne d'Orvaux, continue la filiation, parce que Jean de Rougé, III° du nom, seigneur des Rues, né du 1er mariage de Jean avec Marie de Vrigné, mourut sans alliance.

Étienne épousa, par contrat du 19 octobre 1447, Anne, fille aînée de Jean du Bois, seigneur de la Burelière, et de Mathurine de la Rouvraire (Du Bois porte *écartelé au 1 et 4 de gueules à trois sabres d'argent posés en pal, et la pointe en bas, et au 2 et 3 d'azur au sautoir engreslé d'argent, cantonné de 4 billettes de même*).

XII. — Pierre DE ROUGÉ, seigneur des Rues, quita le nom des Rues après l'extinction de la branche aînée de Rougé, pour reprendre le nom de Rougé. Le roy Louis XI lui donna les revenus de la prévosté de Saumur par lettres de l'an 1475, où il est qualifié *Pannetier de France*, et qui furent enregistrées la même année à la Chambre des Comptes. Il épousa, par contrat de l'an 1477, Françoise d'Avès, fille unique de Pierre d'Avès, seigneur du Bignon et de Vauregnard, et de Perrine de Saint-Père, d'où, entre autres :

XIII. — Robert DE ROUGÉ, dit des Rues, chevalier, seigneur dudit lieu, épousa, du vivant de son père, par contrat du 1er may 1511, Louise Fourveau, fille de Robert Fourveau, sieur de la Touche et Genetais, et de Marie du Mesnil, dame de Lorière, fille de René du Mesnil et de Jacquette de la Grézille.

XIV. — Mathurin DE ROUGÉ, seigneur des Rues, de Lorière, et chevalier de l'ordre du Roy, gentilhomme ordinaire de sa Chambre, lieutenant des cent gentilshommes de sa maison, député de la noblesse d'Anjou aux états de Blois, se trouva aux batailles de Saverac et de Moncontour; il épousa, par contrat du 5 avril 1554, Renée d'Uvelles, fille de René d'U-velles, seigneur de Courtimont, et de Françoise de Saint-Père, fille de Mathurin de Saint-Père et de Françoise d'Avaugour.

XV. — René DE ROUGÉ, Ier du nom, chevalier de l'ordre du Roy et lieutenant des cent gentilshommes de sa maison, seigneur de Vaurenont, épousa, par contrat du 22 novembre 1589, Marguerite de la Cour, fille unique de Jacques de la Cour, chevalier, et de Jeanne Terrien.

Il eut pour frères, Mathurin de Rougé, seigneur de Cour-timont, Louis, seigneur de Taillou, Charles, prêtre, Jean, marié en 1501, à Jacquine Cibel, et pour sœur Jeanne de Rougé, qui épousa en 1583 Jacques de Montesson, chevalier, seigneur de Saint-Aubin et de Boullet, qui transporta, ainsi que Mathurin de Rougé, son beau-frère, sa part dans la suc-cession de Louis de Rohan, aussi son beau-frère, à René de Rougé son autre beau-frère ainé.

XVI. — 1. René DE ROUGÉ, IIe du nom, seigneur des Rues, La Bellière, Lorière, etc., épousa, par contrat du 10 aout 1637, Marie Jousseaume, fille de René Jousseaume et d'Anne Lérin, seigneur et dame de La Chabirandière, La Trébaudière, etc. qui continuent la branche ainée des Rues, et que nous laissons pour nous occuper de Jacques, frère de René, et de sa postérité.

2. Jacques DE ROUGÉ, chevalier, seigneur du Plessis-Bellière et de La Raie du Fau, 2ᵉ fils de René, chevalier, seigneur de Vaurenont et de Marguerite de La Cour, fut lieutenant général des armées du Roi et gouverneur d'Armentières et de La Bassée. Il fut blessé au siège de Castellamare et mourut de ses blessures le 25 novembre 1655. Le Roi lui avait fait expédier le brevet de maréchal de France. Il épousa Suzanne de Bruc (1), encore vivante lorsque la présente généalogie fut faite. Leurs enfants furent :

XVII. — 1. Henri DE ROUGÉ, chevalier, seigneur du Fai, mort sans hoirs en Hongrie, étant colonel d'un régiment de cavalerie allemande.

2. Henri-François DE ROUGÉ, chevalier, seigneur du Plessis-Bellière, colonel d'infanterie, puis maréchal-des-camps et armées du Roi, gouverneur de Carmagnolle et de Suze où il mourut en 1692. (Ce qui suit, ainsi que l'article de ses enfants, est d'une autre main.)

Il épousa Françoise-Pétronille Jégou de Kervillio, fille de Messire Claude Jégou de Kervillio, vicomte de Kjan, seigneur de Paule, Mezle, Glomel, etc., président aux enquêtes au Parlement de Bretagne, et de Marie Barrin de Boisgeffroy, d'où 3 enfants qui suivent.

3. Catherine DE ROUGÉ épousa François de Créquy Blanchefort, marquis de Marine et de Fougerai, maréchal de France, général des galères, lieutenant général des mers du Levant, gouverneur de Lorraine et de Béthune, dont enfants. (On croit que c'est elle qui a fait faire la présente généalogie).

XVIII. — 1. Jean-Gilles DE ROUGÉ, marquis du Plessis-Bellière et du Fay, fils ainé de H. François de Rougé, marquis du Plessis-Bellière, et de Françoise-Pétronille Jégou de Kervillio,

---

(1) Suzanne de Bruc lui a survécu jusqu'au 25 mars 1705. Elle était fille de Jean de Bruc, IIᵉ du nom, seigneur de la Guerche et de Montplaisir, conseiller d'État, procureur général syndic des États de Bretagne, et de Marie Venier, dame de la Guerche.

colonel du régiment d'Angoumois, épousa le 22 février 1705, à Lignol (év. de Vannes), Florimonde-Renée de Lantivy du Coscro, fille de messire Claude-François de Lantivy, seigneur du Coscro, mort en 1689, et d'Anne-Christine Lévesque de Langourla. Jean-Gilles de Rougé mourut à l'âge de 25 ans, au siège de Sarragosse, en 1707.

2. Henry-François DE ROUGÉ, mort âgé de 15 ans, dans le régiment du Roi.

3. Charles-Nicolas DE ROUGÉ (mort sans doute en bas âge).

XIX. — Les enfants de Jean-Gilles de Rougé, marquis du Plessis-Bellière, furent :

1. Haut et puissant Louis DE ROUGÉ, marquis du Plessis-Bellière, maistre de camp du régiment de Vexin, marié le 26 janvier 1722 à haute et puissante Marie-Thérèse d'Albert d'Ailly, née le 10 février 1709, fille de Louis-Auguste d'Albert d'Ailly, duc de Chaulnes, pair et maréchal de France, chevalier des ordres du Roi, et de Marie-Anne-Romaine de Beaumanoir-Lavardin (1).

Louis de Rougé, marquis du Plessis-Bellière, mourut le 24 juin 1732, et laissa deux enfants.

Charles-Marie de Rougé, l'aîné, mourut le dernier, en bas âge, en 1735.

2. Innocente-Catherine-Renée DE ROUGÉ, sœur et héritière de Louis, fut mariée : 1° le 2 mai 1729, avec Jean-Sébastien de Kerhoënt, marquis de Coëtanfao, qui mourut le 9 avril 1744 ; 2° en juin 1747, elle épousa Son Altesse Emmanuel-Marie de Lorraine, Prince d'Elbeuf, mort le 14 août 1763.

Elle devint baronne de Rostronen, à la mort de sa mère, la marquise du Plessis-Bellière (Florimonde-Renée de Lantivy), le 13 mai 1748, et mourut à Paris pendant la Terreur.

---

(1) Marie-Anne-Romaine de Beaumanoir, fille de Henri-Charles, sire de Beaumanoir, marquis de Lavardin, gouverneur de Bretagne, ambassadeur extraordinaire à la cour de Rome, chevalier des ordres du Roi, et d'Anne-Louise-Marie de Noailles, sa seconde femme. (La Chesnaye-des-Bois, T. I, p. 243.)

PIÈCES JUSTIFICATIVES.

PIÈCES JUSTIFICATIVES

I.

TRAITÉ DE MARIAGE ENTRE ALAIN DE ROHAN ET JEANNE DE ROSTRENEN.

1320 (V. S.) — Sachent tous qu'en nostre Court à Karahes
en droit pour ce personeaument establiz Pierres Seygnour de
Rotrelen chevalier, et dame Anne du Pont sa fame o l'auctorité doudit Monsieur Pierre à lad. dame Anne donnée quant
ès choses qui sensuivent, donnèrent et donnent de maintenant
et reconurent avoir doné mil livrées de rente en mariage
à Alain de Rohan, fiulz esné M. Olivier, vicomte de Rohan,
o Jouane fille desdiz Monsieur Pierre et dame Anne : desquelles mil livrées de rente devent estre assises dous cens
livrées de rente à present en la paroisse de Plœyzineuc
de la diocèse de Vanes, c'est à scavoir denier pour denier
ce qui sera deu en deniers de rente et les bledz, gelines,
corvées, fiez gentuilz et autres esmolumens seront assis
par dous gentilshommes esleuz à ce à la coustume de la
terre ; et sy lesd. dous cens livres de rente n'estoient trovées
en lad. paroisse en la terre audit Monsour Pierre, elles seront
assises et parfaites ès prochaines terres audit Monsour Pierre
à lad. paroisse et en levera led. Alain les usufruiz dès ores. Et

des ouit cent livrées de rente demourantes seront assizes sept
cens livrées de rente à la coustume de la terre ou mariage en
la terre et ès héritages à ladite dame Anne : et sy le mariage,
terres et heritage à lad. dame Anne valloient plus, le surplus
sera compté ès cent livrées de rente demourantes des ouit
cens livrées et si eles valoient mains que les sept cens livrées
de rente, les sept cens livrées de rente seront fournies et
entérinées ès prochaines terres audit Monsour. Pierre prochaines audit mariage de lad. Dame, et est gréé desdiz Mons.
Pierre et dame Anne que si ledit Alain de Rohan veut dire
que il retient ou veut avoir ledit mariage à lad. Dame pour
lesdites sept cens livrées de rente dedans un an prochain,
si il veut, il li demourera sans prisage pour lesd. sept cens
livrées de rente ; et les cent livrées de rente demourantes desd.
mil livrées de rente seront assises ès terres audit Monsour
Pierre prochaines audit mariage à lad. Dame, etc. Et fut
devisé et gréé oudit mariage faisant entre ledit vicomte et
Alain son fiulz d'une part, et led. Monsour Pierre et ladite
Joanne sa fille o l'auctorité dudit Monsour Pierre de l'autre,
que si ledit Alain moreist avant led. Monsour Olivier son père
que lad. Jouanne aura quatre cens livrées de rente pour tout
doaère et pour toutes autres choses que elle pouroit demander
et avoir pour doaere ne pour pourveance de doaere né autrement, sy le cas avenoit, à estre assises ès terres dudit Alain et ès
terres dudit Viscomte tant seulement etc. Doné tesmoin nostre
seel ès contractz de Karahes, o le sael audit Monsour Olivier
vicomte de Rohan pour soy, et o le sael audit siro de Rotrelan
pour soy, et o le sael à Guillaume de Rotrelan pour ladite
dame Anne à sa prière, et o li sael à Mons. Henry Charruel
pour ladite Jouanne à sa prière le dyomanche en la feste de
la Chaere S. Pere en l'an mil trois cens et vingt ans. *(Titre de
Blein. D. Morice, Pr. I, 1207.)*

II.

OBLIGATION DE PIERRE, SEIGNEUR DE ... TRENEN.

1328. — Sachent tous que en nostre Court à Kimper Corentin en droit personnellement establi noble homme Monsour Pierre Seignour de Rostrenen chevalier se soumettant en la juridiction de nostre ditte Court, comme principau depteur pour Thomassin de Longa marchand, cogneust et encore cognoist que il est tenu payer et rendre sous l'obligation de tous ses biens meubles et terres à noble homme Mons. Hervé de Léon seignour de Noyon, ou à son certain commandement ceste lettre portant sans autre procuration ne allouise neuf vingt et dix livres de la monnoie courante, c'est à scavoir cent et quatre livres neuf sous six deniers en ladite monnoie, par cause de pur prest fait audit Thomassin dudit Monsour Hervé en pécune nombrée et le demourant de celle somme du payement que ledit Thomassin devoit audit Monsour Hervé pour le temps dont il fut fermier ès secheries doudit Monsour Hervé à Poulgonasec et à Pentir en l'an mil trois cens vingt et deux... Donné tesmoins nostre scel ès contrats de Kimper Corentin, ensemble o le scel audit Monsour Pierre pour soy et o le scel audit Thomas en tant comme à luy appartient, le joudy après *Misericordia Domini*, l'an mil trois cens vingt et ouyt. *(Extrait sur l'original, à Blein. D. Morice, Pr. I, 1349).*

III.

ACTES DE SAINT YVES (BOLLANDISTES).

Miracle des arbres de saint Yves.

Considerans aliquando providus Sanctus, cathedralis ecclesiæ structuram casum ruinamque minari, et magnis ac pernecessariis membrorum suorum reparationibus egere, præ-

potentem et magnificum Dominum de Rostrenen adiit, et ei
matricis ecclesiæ necessitatem exposuit. Ipse autem Dominus,
inter cœtera suæ liberalitatis dona, hoc etiam volenti et
prompta liberalitate concessit, ut quidquid opus exigeret, et
ubilibet, in nemoribus et potioribus silvis in quibus abundabat,
prout placeret, acciperet. Mittuntur a sancto carpentarii, qui
juxta concessam licentiam ex electis silvarum partibus quod
optabile occurebat in securi et ascia pro libito excidunt et
securi asportant. Quid? — Tibi tam pii et sancti operis mer-
rcamenta scissa sumpta sunt, omnipotens Dei munificentia
qui infra quinquennium supra naturæ vires, condensiora
conseruit, proceriores et grossiores arbores produxit; quæ ad
Dei gloriam nec non magnifici Domini dignam et justam tem-
poralem etiam compensationem, in nostra adhuc perseverant,
prout intuentibus loci evidentia et nemoris excellentia patefacit
(Vita S. Yvonis) Acta Sanctorum. (Maï, tomus IV).

S. Yvonis obitus et exitus.

D. Theophania de Pestivien, testis XVI dixit quod per tres
septimanas antequam moreretur, dixit eidem in Caetrędam
manerio suo et mariti sui, quod fuerat multum infirmus et
crediderat, quod valde affectabat, dum tunc Deo placeret. Cui
D. testis dixit, quod non expediebat tibi testi et multis aliis,
qui ex ejus vita et doctrina plurimum proficiebant. Cui respondit, quod sicut ipsa vel quicumque alius gauderet, si
hostem suum vel inimicum vicisset, sic ipse de morte gauderet, cum inimicum suum per Dei gratiam se credebat vicisse.

Cilicium ejus et quibus occasionibus visum.

..... Sic etiam testis IV nobilis vir, D. Joannes de Pestivien,
miles, Dominus ejusdem loci æt. L. ann. semel post celebra-
tionem Missæ, cum D. Yvo exueret vestimenta sacerdotalia,
dictum cilicium vidit in capella manerii de Guezet, quod tamen
illi valde displicuit. (Boll. Act. Sanct. Maï, T. IV, pag. 548.)

Ejus mortificatio.

Sanctus Yvo etiam in mensa aliena abstinentiam servat praesertim a vino, ejus pauxillum admittens raro. Similis indulgentiae nonnulla exempla tanquam rarissima allegantur a testibus : inter quos IV, postquam affirmasset quod vidit ipsum centies et plus in domo patris sui sic comedentem vel potentem excipit, quod aliquando in magnis solemnitatibus, ad magnum rogatum D. Constantiae matris suae, ponebat in aqua de vino ipsius quod potabat, ipsius Dominae precibus et instantia devictus, sicut ponitur aqua in calice, quando ministratur missae. Dixit etiam quod D. Yvo carnes et alia cibaria, quae ei offerebantur in mensa, recipiebat, et tamen non comedebat nisi de pane cum oleribus; sed dicta cibaria frustratim dividebat, et in eleemosynam ponebat in fragmentis pauperum. Et haec vidit in diversis maneriis patris sui apud Pestivien, et apud Glomel, et apud Guezet dioec. Corisopitensis. Et induxit D. Constantiam praed. ad abstinendum a carnibus feria quarta cujuslibet septimanae, quae ex tunc abstinuit. (Acta Sanct., Maï, Tom. IV, p. 551.)

Sanctus Yvo paratos lectos dimittit.

..... Quod si non esset famulus, quem pro se in lecto collocaret, tunc de mane inveniebatur lectus, factus sicut prius, per familiam domus, uti asserit testis IV, frequenter id expertus in domo matris suae. Qui etiam narrat quid acciderit *Mauritio de Monte*, quondam Armigero suo litterato defuncto, cum in comitatu D. Yvonis reverteretur de peregrinatione Sancti Ronani et essent in villa quae *Landelau* appellatur. Praestat tamen id exponere verbis sororis ejus, D. Theophaniae testis XVI supra notatae : quae dixit, ex D. Mauritio audivisse, quod cum D. Yvo et D. Armiger in lecto suo dormirent, idem Armiger quamdam vocem audivit tribus vicibus dicentem :

11

surge quia Beatus jacet in petra. Quo per D. Armigerum audito, a somno excitatus palpavit juxta se, nec D. Yvonem potuit invenire ibidem. Et surgens velociter, et accedens ad cœmeterium dicti loci ad quemdam lapidem concavum, in quo S. Elau facerat pœnitentiam suam dum vivebat, eumdem D. Yvonem in eodem lapide dormientem invenit. Item dixit, quod, licet D. Constantia mater sua et ipse etiam pluries pro ipso bonum lectum facerent apparare, ipse ad terram, vestibus jacebat et calceatus, ut firmiter credit, cum modico stramine subtus eum : quia semper inveniebant lectum in statu in quo eum dimiserant. (Acta SS., Mai, IV, p. 550).

Sanctus Yvo amat cum pudicis versari.

Testis IV publicam de eo famam confirmavit per hoc quod vidit ipsum confessorem D. Constantiæ de Restanel, uxoris suæ, quæ vocavit et eligit ipsum in confessorem suum propter suam bonitatem et honestatem. (Ibid. p. 552).

Audire verbum Dei contemnenti D. de Coëpont pœnam prædicit.

D. Joannes de Pestivien testis IV dixit, quod ipse vidit et audivit frequentissimo D. Yvonem prædicantem publice clero et populo verbum Dei in ecclesiis et in viis, et specialiter apud S. Corentinum, in ecclesia cathedrali Corisopitensi et aliis pluribus locis, de licentia episcopi ipsius loci prius obtenta et habita. Interrogatus in quibus viis, dixit quadam die sabbati, circa mensem augusti, per unum annum vel circa ante mortem ejus, dum idem testis iret peregre pedester de manerio Guezet ad S. Ronanum ad civitatem Corisopitensem, una cum patre et matre ac tribus sororibus ejusdem, videlicet Theophania, Plaisota, et Beneventa, et cum ipso D. Yvone et pluribus aliis; cumque D. Yvo videret D. Constantiam, matrem ipsius testis itinere fatigatam, remansit in quodam quadrivio et cœpit iisdam prædicare verbum Dei. Et dum prædicaret, contigit quod quidam scutifer eques vocatus quondam dominus de Coëtpont, etc., etc. (Ibid. p. 553).

Aliud portentum.

Nobilis vir Alanus de Keranrais miles cum domina Théophania sua uxore ac quibusdam aliis eorum familiaribus, per portum maris, dictum Lober, Venetensis diœcesis transfretare disponens, cavens de periculo societati, palefredum cum mangone in passagio præmisit, vultum palefredi taubardi velamento operiens, ne maris fremitum expavesceret. Cum autem longius a terra processissent, in quodam passu periculoso, in quo oportebat naviculam duos aut tres circuitus facere, antequam ulterius procederent, dictus palefredus infestatus et perterrtius, in mari se cum mangone præcipitavit. Quo viso ipse dominus statim exclamavit et apprehenso remo sibi projecto, navi receptus ac liberatus ; palefredus vero quem reflexus maris in suum ducebat et trahebat alveum, se divertit; et contra maris undas, per ventum et fluctus sibi contrarios, velamento etiam sibi opposito impediente, ad portum unde recesserat et ubi eum dominus expectabat, recto tramite remeavit. Tanto igitur viso miraculo, ingratitudinem ad Deum et Sanctum ejus non patiens, statim cum suo mangone ad Sancti sepulchrum properavit. Ubi etiam novum aliud miraculum et quoddam portentum ostensum est. Palefredus enim ipse, brutum illud animal, divino quodam instinctu, quasi sancti gratiam agnosceret et suam ei liberationem tribueret, ecclesiam ingressus, dum appropiaret sepulchro, miro et insolito more cœpit hinnire, cum tamen tota die non hinnuisset, nec alias hinnire consuevisset, sed nec ab hujusmodi hinnitu quamdiu perstitit cessavit, sed continuo hinniens donec discederet perduravit. (Vita S. Yvonis, auctore Mauritio Gaufredi.)

IV.

BULLE D'ÉRECTION DE L'ÉGLISE DE ROSTRENEN EN COLLÉGIALE
ET PAROISSE DE MOELLOU, EN 1483.

Sixtus papa quartus, servus servorum Dei, ad perpetuam rei
memoriam. Ex supernæ providentia majestatis in apostolicæ
dignitatis speculo constituti, circa universarum quarum Nobis
desuper commissa est cura ecclesiarum venustates, ac
commoda sicut ex debito pastoralis nobis incumbit officii,
studiis intendimus assiduis, ut earum status prout rerum
pensatis circumstantiis, congruere cernimus, in melius di-
rigatur, ac uberiores illas præsertim sub vocabulo et ad ho-
norem beatæ Mariæ virginis Domini nostri Jesu Christi glo-
riosissimæ genitricis dedicatas, honoris titulis extollere stu-
demus, propensius excogitantes per quæ in his frequentioris
devotionis ardore potioribusque laudum præconiis venerari
complectitur Altissimus pro animarum propagatione salutis
ubilibet divinorum Cultus continuum suscipiet incrementum.
Sane, exhibita nobis nuper pro parte dilectorum filiorum
nobilis viri Petri du Pont, oppidorum du Pont et de Rostrenen
Corisopitensis diœcesis Domini temporalis, ac Ronnani de
Coëtmeur aliàs du Pont, rectoris parrochialis ecclesiæ de
Moëlou de Rostrenen nuncupatæ, dictæ diœcesis, petitio con-
tinebat, si capella beatæ Mariæ sita in oppido, seu loco
de Rostrenen infra metas dictæ parrochiæ de Moëlou dictæ
diœcesis, cujus parrochiæ ecclesia de Kgrist principalis
existit, ipsa vero capella beatæ Mariæ dicti loci de Rostrenen
ejusdem parrochiæ filialis, seu trevialis ecclesia dicitur, ad
quam præfatus Petrus specialem gerit devotionis affectum,
quamque pro divini cultûs augmento, tam Petrus, quam
Ronnanus præfati, in collegiatam ecclesiam, erigi summopere
deposcunt, ipseque Petrus, de bonis a Deo sibi collatis, pro

erectionis hujusmodi complemento, et dotatione ejusdem capellæ beatæ Mariæ sufficienter largiri intendit, principalis ecclesia illius parrochiæ efficeretur, ac capella sancti Jacobi sita prope dictum oppidum de Rostrenen, per ipsum Petrum et suos progenitores fundata, et dotata et cujus præsentatio de jure patronatus præfato Petro competit, quam etiam dilectus filius Alanus etiam du Pont obtinet, præfatæ capellæ beatæ Mariæ virginis sitæ in dicto oppido in loco de Rostrenen infra metas dictæ parrochiæ perpetuo uniretur, annecteretur, et incorporaretur, ipsaque capella beatæ Mariæ in collegiatam ecclesiam erigeretur, cultus in eâ profecto divinus, ac Petri ac Ronnani prædictorum, aliorumque habitatorum locorum hujusmodi ad camdem erigendam ecclesiam devotio non mediocriter augerentur, pro parte dilecti filii nobilis viri Francisci Britanniæ Ducis, qui ad camdem ecclesiam singularem gerit devotionis affectum, ac Petri, qui etiam baro existit, et Ronnani prædictorum asserentium parrochialis ecclesiæ septuaginta, et sancti Jacobi sexdecim, ac beatæ Mariæ capellarum hujusmodi virginti quatuor florenorum auri tamen fructus, redditus, et proventus secundum communem existimationem, valorem annuum non excedere, nobis fuit humiliter supplicatum, ut capellam sancti Jacobi hujusmodi eidem capellæ beatæ Mariæ ad hoc ut erectio ejusmodi sortiatur effectum perpetuo unire, annectere, et incorporare ac dictam capellam beatæ Mariæ in collegiatam ecclesiam erigere, aliasque super præmissis opportune providere de benignitate apostolica dignaremur. Nos igitur qui dudum inter cætera voluimus, et ordinavimus, quod in unionibus commissio semper fieret ad partes vocatis quorum interest, quique cultum eumdem nostris potissimum temporibus ubique adaugeri intensis desideriis affectamus, omnia et singula beneficia ecclesiastica cum curâ et sine curâ, quæ dictus Ronnanus etiam ex quibusvis apostolicis dispensationibus obtinet, et expectat et in quibus, et ad quæ jus sibi quomodolibet competit, quæcumque, quotcumque, et qúaliacumque sint; eorum que fructuum, reddituum,

et proventuum, veros annuos valores, ac huiusmodi disponsa-
tionum tenore præsentibus pro expressis habentes hujusmodi
supplicationibus inclinati, capellam sancti Jacobi prædictam
cum omnibus juribus, et pertinentiis suis eidem capellæ beatæ
Mariæ, authoritate apostolica, tenore præsentium ad effectum
hujusmodi perpetuo unimus, annectimus, et incorporamus,
ac nomen capellani in capellâ hujusmodi ad effectum præ-
dictum supprimimus penitus, et extinguimus, præfatamque
capellam beatæ Mariæ in collegiatam ecclesiam quatenus
modo infra scripto dotetur sine præjudicio erigimus, ac colle-
gialibus insigniis, nomine, titulo, et honore insignimus, hono-
ramus, et decoramus; ita quod ipsa erecta principalis, aliæque
de Kœrgrist, ac sancti Jacobi, ab eâ dependentes ecclesiæ sint,
ac in eâdem erectâ ecclesiâ decanatum, qui inibi dignitas sit
principalis, pro uno decano, qui perpetuo illius ratione capituli, canonicorum et personarum in ipsâ erecta ecclesiâ pro
tempore degentium caput existat, et illorum excessus et
crimina puniendi et corrigendi, aliaque pro tempore, quod
expedire cognoverit, faciendi, et exequendi potestatem ac om-
nimodam juridictionem, salvâ ordinarii loci superioritate, ha-
beat: nec non sex canonicatus, et totidem præbendas ad valorem
viginti librarum monetæ Britanniæ, pro quâlibet præbendâ,
per ipsum Petrum, fructibus tamen, redditibus, et proventibus
dictarum capellarum comprehensis de eo quod minus erit
usque ad complementum summæ centum et viginti librarum
similium dotandas, pro sex canonicis, qui ac dictus decanus
apud eamdem erectam ecclesiam continuo residere, et ultra
anniversaria, et alia onera quæ ipsi erectæ ecclesiæ ac illi
unitæ capellæ sancti Jacobi incumbebant, et quæ nullatenus
diminuantur, singulas horas canonicas et unam missam de
die, singulis diebus, horis debitis et consuetis in dictâ erectâ
ecclesiâ decantare, et illis personaliter interesse, nec non in
fine missæ majoris et vesperarum cujuslibet diei, pro ipsarum
ecclesiarum benefactorum animarum salute commemora-
tionem de beata Mariâ virgine, et de deffunctis, successive

solemniter et altâ voce facere et dicere teneantur et debeant,
ita quod decanus dictæ erectæ ecclesiæ, qui erit pro tempore,
omnes et singulos fructus, redditus, et proventus dictæ parrochiæ de Moëlou, seu de Kgrist plenarie et integre, absque
eo, quod ipsi canonici, aut quivis alii secum in aliquo parti-
ciparo habeant, percipiat, sic tamen, quod idem decanus
quolibet anno in dictâ erectâ ecclesiâ, per octo menses
continuos vel interpollatis vicibus suam faciat residentiam,
quam nisi fecerit, canonici prædicti, de fructibus, redditibus,
et proventibus ecclesiæ de Moëlou, hujuscemodi viginti
quinque libras dictæ monetæ inter se æqualiter distribuendas,
si vero eosdem canonicos, vel aliquos ex eis a dictâ erectâ
abesse contigerit, partem fructuum, et proventuum absenti
canonico, vel absentibus canonicis ratione suarum quas in ibi
obtinuerit præbendarum pro ratâ temporis debitorum, pre-
sentes canonici percipere, et in eorum usum, et utilitatem
convertere, ac æqualiter inter se distribuere, nec non aliam
personam, seu alias personas idoneam, seu idoneas ad divina
officia inibi peragenda absentis canonici loco, substituere et
deputare, ac inibi dumtaxat quo ad divinum officium, quandiu
canonicus absens, vel canonici absentes fuerint, retinere, nec-
non eidem personæ vel eisdem personis fructus ipsi canonico
absenti, seu ipsis canonicis absentibus pro tempore absentiæ
suæ, debitos assignare, libere, et licitó possint, authoritate et
tenore prædictis, quatenus etiam canonicatus, et præbendæ
hujusmodi, ut præfertur, dotentur, instituimus, ordinamus,
et deputamus, nec non decano et canonicis dictæ erectæ
ecclesiæ pro tempore existentibus, quod ipse decanus videlicet in dignitate constitutorum, et canonicorum ecclesiæ
Corisopitentis, canonici vero dictæ erectæ ecclesiæ ad instar
capellanorum dictæ ecclesiæ Corisopitensis, almutiis de pelli-
bus et cappis uti, et illas deferre, et in certo per eos ad hoc
deputato loco se congregare, ac capitulum facere, et celebrare
quoties opportune fuerit, nec non sigillum, arcam et cam-
panam capitularem habere et tenere, quodque ipse decanus, et

capitulum, ac dicta erecta ecclesia, nec non illius singulæ per
sonæ, omnibus et singulis honoribus privilegiis, libertatibus,
exemptionibus, immunitatibus, indultis per Sedem apostolicam,
vel alias singulis aliis collegiatis partium illarum ecclesiis, et
earum capitulis, et personis quomodolibet in genere concessis,
uti valeant et gaudere : nec non Petro, decano, et canonicis
præfatis, ut pro ipsorum, et dictæ ecclesiæ felici statu et
conservatione, dictique cultus augmento, et devotione, sa-
lubria et sacris canonibus non contraria statuta, et ordina-
tiones, quæ inviolabiliter observentur condere, ac officiarios
facere, ac creare, ordinare et tenore etiam possint, et debeant,
quodque eisdem decano, et canonicis ne divinus cultus in dictâ
erigendâ ecclesiâ diminuatur, ut ab aliquo judice ecclesiastico,
vel seculari nullâ actione civili vel criminali cum dictâ ecclesiâ
erigenda a civitate Corisopitensi per unam dictam legalem, et
ultra distet, in prima instantiâ, ipseque decanus, et canonici
extra curiam episcopalem in dicto loco de Rostrenen tenori
solitam, trahi non possint, eisdem authoritate, et tenore concedimus; et insuper præfato Ronnano moderno ipsius ecclesiæ
de Moëlou seu de Kerist rectori, licentiato in utroque jure,
qui quoad vixerit, non autem ejus successores ipsius erectæ
ecclesiæ decani, qui erunt pro tempore, ad residendum personaliter in eodem ecclesiâ sic erectâ minime teneatur, nec ad
id a quoquam invitus compelli possit, quique ac successores
sui prædicti, omnes et singulos fructus, redditus, et proventus
ex dictâ parrochiâ de Moëlou percipi consuetos percipiat, ac
onera, et servitia in ecclesiâ de Moëlou, seu Kerist, ac capellâ
beatæ Mariæ predictæ per illarum rectores, qui fuerunt pro
tempore, perferri solita, gerant, et perferant, nec-non per se
vel per alium presbyterum idoneum ad hoc per ipsum decanum
pro tempore existentem, deputandum et ad ipsius decani nutum
amovibilem, singularum erectæ et de Moëlou, seu Kerist, ecclesiarum prædictarum, parrochianorum, et canonicorum, et
aliarum personarum dictæ erectæ ecclesiæ animarum curam
exerceat, decanatum sic erectum et vacantem hujusmodi
cujus fructus, redditus, et proventus præsentibus pro expressis

haberi volumus, cum omnibus juribus, et pertinentiis suis, hac primâ vice dumtaxat in hujusmodi eventum, ex nunc, prout extunc, et converso eidem Ronnano eâdem authoritate conferimus, et de illo etiam providemus : prætorea præfato Petro postquam dotationem huiusmodi fecerit sufficientem, ut præfertur, et singulis suis principalibus hæredibus per lineam rectam descendentibus, ad decanatum, hac vice dumtaxat exceptâ, ac sic erectos ac vacantes singulos canonicatus et præbendas pro primâ vice, et quoties ad dictum decanatum vacare contigerit, singulas personas idoneas per ipsum Petrum, et suos successores huiusmodi eligendas, jus patronatus, et præsentandi ad decanatum videlicet de consilio capituli dictæ erectæ ecclesiæ episcopo Corisopitensi per ipsum conferendum, ad canonicatus et præbendas vero præfatos, Ronnano prædicto, et pro tempore existenti dictæ erectæ ecclesiæ decano, per Ronnanum, et pro tempore decanum ad ipsorum Petri et hæredum principalium suorum presentationes simul, vel successive instituendas, perpetuis futuris temporibus, authoritate prædictâ, reservamus, concedimus, atque donamus, et nihilominus, dilectis filiis abbati monasterii de Langonio ejusdem diœcesis, ac cantori et archidiacono ecclesiæ Trecorensis, per apostolica scripta mandamus quatenus ipsi, vel duo, aut unus eorum per se vel alium seu alios eumdem Ronnanum, vel procuratorem suum ejus nomine in corporalem possessionem decanatûs juriumque, et pertinentiarum prædictorum inducant, authoritate nostrâ, et deffendant inductum, et faciant eum ad dictum decanatum, ut est moris, admitti sibique de ipsius decanatus fructibus, redditibus, proventibus, juribus, et obventionibus universis integre responderi, necnon Ronnanum et, postquam ad præbendas huiusmodi instituti fuerint, canonicos prædictos, præsentibus litteris, omnibusque et singulis in eis contentis clausulis, alias juxta ipsarum litterarum continentiam atque formam, pacifico uti, et gaudere, non permittentes eos contra præsentium formam quomodolibet molestari, contradictores authoritate nostrâ appellatione postpositâ compescendo, invocato ad hoc, si opus fuerit,

15

auxilio brachii sæcularis, non obstantibus priori voluntate et
ordinatione, promissis ac constitutionibus et ordinationibus
apostolicis contrariis quibuscumque, aut si aliqui super provi-
sionibus sibi faciendis de hujusmodi, vel aliis beneficiis eccle-
siasticis in illis partibus, speciales vel generales dictæ sedis,
vel legatorum ejus litteras impetrarint, etiam si per eas ad
inhibitionem, reservationem, et decretum vel alias quomodolibet sit processum, quæ quidem litteras, et processus habitos,
per easdem ac inde secuta quæcumque ad ecclesiam et
capellam unitas hujusmodi volumus non extendi, sed nullum
per hoc eis quoad assecutionem beneficiorum aliorum præ-
judicium generari, seu si episcopo Corisopitensi præfato vel
quibus vis aliis communiter vel divisim a dicta sit sede indultum
quoad receptionem vel provisionem alicujus minime teneantur, et ad id compelli, aut quod interdici, suspendi, vel
excommunicari non possint, per litteras apostolicas, non
facientes plenam, et expressam, ac de verbo ad verbum de
indulto hujusmodi mentionem, et quibuslibet aliis privilegiis
indultis, et litteris apostolicis generalibus et specialibus, quo-
rumcumque tenorum existant, per quæ præsentibus non
expressa vel totaliter non inserta effectus earum impediri
valeat quomodolibet vel differri, et de quibus quæcumque
totis tenoribus habenda sit in nostris litteris mentio specialis,
aut si dictus Ronnanus præsens non fuerit ad prestandum de
observandis statutis et consuetudinibus dictæ erectæ ecclesiæ
condendis huiusmodi juramentum, dum modo in absentiâ suâ
per procuratorem idoneum, cum ad ecclesiam ipsam acces-
serit corporaliter illud præstet; volumus autem quod dictus
decanus infra sex menses, habitâ possessione, novam provisionem apud sedem prædictam expediro teneatur, alias
præsentatio, et institutio nullius existant roboris, vel momenti,
ac propter unionem hujusmodi, ecclesiæ de Moëllou ac capella
unitæ hujusmodi debitis non fraudentur obsequiis et animarum
cura in dictâ ecclesiâ de Moëlou nullatenus negligatur,
quodque liceat dicto Ronnano in huiusmodi eventum ecclesiæ
de Moëlou continuare, recedente vel decedente dicto Alano,

sou dictam capellam sancti Jacobi quomodolibet dimittente,
capitulo præfatis, per se vel alium seu alios, capellæ sancti
Jacobi juriumque, et pertinentiarum prædictarum, corporalem
possessionem authoritate propriâ libere apprehendere, ac
illarum fructus, redditus, et proventus in suos ac erectæ et de
Moülou et de Korist ecclesiarum nec non capellæ sancti Jacobi
usûs, utilitatemque convertere pariter, et diœcesani loci, et
cujusvis alterius licentiâ minime requisitâ, et insuper ex nunc
irritum decernimus et inane, si secus super his a quoquam
quâvis authoritate, scienter vel ignoranter, contigerit attentari :
Nulli ergo omnino hominum liceat hanc paginam nostræ
unionis, annectionis, incorporationis, suppressionis, extinc-
tionis, erectionis, insignationis, honorationis, decorationis,
institutionis, ordinationis, deputationis, concessionis, colla-
tionis, provisionis, reservationis, donationis, mandati, volun-
tatis, et constitutionis infringere, vel omninô contra ire ;
si quis autem hoc attentare præsumpserit indignationem
omnipotentis Dei, ac beatorum Petri et Pauli apostolorum
ejus se noverit incursurum.

Datum Romæ apud sanctum Petrum anno Incarnationis
Dominicæ millesimo quadragentesimo octogesimo tertio, sexto
calendas septembris (27 août 1483), pontificatus nostri anno
tertio decimo. *Et plus bas est écrit :* Gratis de mandato Sanc-
tissimi Domini Nostri Papæ. *Scellé d'un sceau de plomb, où
est écrit :* SIXTUS PAPA QUARTUS, etc.

Collationné et rendu conforme à l'original par nous nottaire
royal et apostolique de la seneschaussée royalle de Carhaix et
de la juridiction de la baronnie de Rostrennen, lequel nous
avons pris et remis aux archives de l'église de Rostrenen
en présance de maistre Ives Phelippes Le Gallic, sieur du
Clos-neuf, advocat en la cour, faisant pour maistre François
Josse, tuteur oneraire de Mademoiselle du Cosero, dame
baronne de Rostrenen et de plusieurs autres, aux fins et
conformémént à nostre procès-verbal de ce jour. Et la présente

copie délivrée audit sieur Le Gallic audit nom a luy valloir et servir comme il verra sous son signe et les nostres, ce jour dixhuittième d'avril mil sept centz trois, après midy.

Le Gallic.   Bosquet,   Mahé,

Nottaire.   Notaire royal apostolique.

Controllé et sellé à Rostrennen ce 26ᵉ avril 1703. Receu pour les deux droits une livres cinq sols.

G. Revault, pour le greffier.

V.

BULLE D'ÉRECTION DE L'ÉGLISE DE ROSTRENEN EN COLLÉGIALE ET PAROISSE DE NOELOU EN 1483.

(Traduction de M. l'abbé Briand, professeur au Petit-Séminaire de Plouguernével).

Sixte IV, pape, serviteur des serviteurs de Dieu, pour perpétuer la mémoire de la chose. Par une providence de la Majesté céleste constitué dans la dignité apostolique, et, de ce poste, veillant à la beauté et aux intérêts de toutes les églises, dont la charge nous a été confiée d'en haut, Nous ne cessons, ainsi que notre office pastoral nous en impose le devoir, de faire des efforts pour les élever à l'état meilleur que Nous semble comporter l'examen des circonstances. Et surtout ces églises plus fécondes, dédiées sous le vocable et en l'honneur de la Bienheureuse Vierge Marie, très glorieuse mère de N.-S. J.-Ch., Nous nous appliquons à les rehausser par des titres d'honneur, étudiant avec un soin tout spécial les moyens d'y contribuer à la gloire du Très-Haut par l'ardeur

d'uno dévotion plus assiduo ot la célébration plus parfaito do
sos louangos, commo do procuror on tous lioux, pour la pro-
pagation du salut dos âmos, lo progrès continu du culto divin.

Or, uno suppliquo à Nous présontéo au nom do nos ohers
fils, noblo hommo Piorro du Pont, soignour tomporol dos villes
du Pont ot do Rostronon, au diocèso do Quimpor, ot Ronnan
do Coëtmour, dit aussi du Pont (1), rootour do l'égliso pa-
roissialo do Moëlou, appeléo do Rostronon, au dit diocèso,
contonait : quo si la chapollo do la bionhourouso Mario, siso on
la villo, ou au liou do Rostronon, dans los limitos do la dito
paroisso do Moëlou, audit diocèso, paroisso dont l'égliso do
Kgrist ost la principalo égliso, tandis quo la chapollo do la
bionhourouso Mario, au dit liou do Rostronon, on ost dito uno
fillo ou uno trèvo, si cotto chapollo à laquollo, lo susdit Piorro
porto dans son cœur uno dévotion particuliòro, ot quo los
susdits, tant Piorro quo Ronnan, dans l'intérôt du culto divin,
Nous domandont avoc los plus vivos instancos d'órigor on
égliso collógialo, Piorro s'ongagoant, d'aillours, à fairo lui-
mômo, dos bions qu'il a roçus do Diou, los largóssos sufflsantos
pour subvonir aux ontiòros oxigoncos do cotto óroction ot dotor
la dito chapollo do la bionhourouso Mario, dovonait l'égliso
principalo do cotto paroisso ;

Et qu'on outro la chapollo do Saint-Jacquos, siso près do la
dito villo do Rostronon, fondéo ot dotéo par Piorro ot sos
ancêtros, ot dont la présontation, par droit do patronago,
appartiont au susdit Piorro, on possossion do laquollo so
trouvo aussi notro chor fils Alain dit lui-mômo du Pont (2), fut
à porpótuité unio, annoxéo ot incorporéo à la susdito chapollo
do la bionhourouso Viorgo Mario, siso on la dito villo ou au dit
liou do Rostronon dans los limitos do la dito paroisso.

---

(1) René de Coëtmeur, ou du Pont, était frère juveigneur de Pierre baron do
Rostrenen, et fils comme lui de Jean baron du Pont-L'abbé, et de Marguerite do
Rostrenen. (Voir Bibl. nationale, salle des manuscrits, Fr. 20, 273, p. 51 et 55).

(2) Alain du Pont, fils également de Jean baron du Pont-L'abbé et de Marguerite
de Rostrenen. (Voir Bibl. nationale, salle des manuscrits, Fr. 20, 273, p. 51 et 55).

Et qu'enfin la chapelle même de la bienheureuse Marie fut érigée en église collégiale, le culte divin serait assuré d'y faire de grands progrès, ainsi que la dévotion des susdits Pierre et Ronnan, et des autres habitants de ces lieux, pour la même église à ériger.

Au nom de notre cher fils noble homme François, duc de Bretagne qui a pour la même église les sentiments d'une dévotion toute particulière, et des susdits Pierre, qui a lui-même titre de baron, et Ronnan, qui assurent que les fruits, et revenus ordinaires et casuels de l'église paroissiale n'excèdent pas en valeur annuelle, selon estimation commune, *soixante-dix florins d'or*, de la chambre, ceux de la chapelle Saint-Jacques, seize ; et ceux de la chapelle de la bienheureuse Marie, vingt-quatre, humble prière Nous a donc été faite de daigner, dans Notre bonté apostolique, afin que la dite érection obtienne son effet, unir, annexer et incorporer la chapelle de Saint-Jacques à la chapelle de la bienheureuse Marie, et d'ériger la chapelle de la bienheureuse Marie en église collégiale, et, d'ailleurs, d'accorder à cet effet les provisions utiles.

Nous donc qui depuis longtemps avons voulu et ordonné, entre autres choses, que dans les unions une commission serait toujours envoyée sur les lieux, devant laquelle seraient appelés les intéressés, et qui désirons d'un désir intense que le culte divin soit partout en progrès, surtout à notre époque ; par les présentes tenant pour exprimés tous les bénéfices ecclésiastiques, et chacun en particulier, avec ou sans charge d'âmes, que le dit Ronnan, même en vertu de toutes dispenses apostoliques, possède et attend, comme ceux sur lesquels il a un droit quelconque exercé ou revendicable, quels qu'en soient la nature, le nombre et la qualité, ainsi que la vraie valeur annuelle de leurs fruits et revenus ordinaires et casuels, et les teneurs de ces mêmes dispenses; favorables à ces sortes de prières, de Notre autorité apostolique, par la teneur des présentes, à l'effet susdit, Nous unissons, annexons et incorporons à perpétuité la susdite chapelle de Saint-Jacques, avec tous ses droits et apparte- nances, à la même chapelle de la Bienheureuse Marie; au même effet Nous supprimons et abolissons entièrement dans la chapelle de Saint-Jacques le titre de chapelain; et Nous érigeons en église collégiale la susdite chapelle de la Bien- heureuse Marie, en tant qu'elle sera dotée comme il est dit ci-dessous, sans préjudice, et Nous la distinguons, honorons, décorons des distinctions, nom, titre et honneurs des églises collégiales, voulant que l'église ainsi érigée devienne la prin- cipale, et que les autres églises de Kgrist et de Saint-Jacques, en soient dépendantes.

Dans la même église érigée Nous instituons, pour y être la dignité principale, un doyenné en faveur d'un doyen qui, à ce titre, sera, à perpétuité, chef du chapitre, des chanoines et autres personnes qui, suivant le temps, seront attachées à l'église érigée; et aura plein pouvoir et juridiction, sauf l'au- torité de l'ordinaire du lieu, pour punir et corriger leurs excès et désordres, faire et exécuter ce qu'il jugera utile en raison des circonstances.

Nous instituons en outre six canonicats, et autant de pré- bendes, chacune d'un revenu de vingt livres de monnaie de Bretagne, dont la dot, à constituer par ledit Pierre, devra suppléer aux fruits et revenus ordinaires et casuels des dites chapelles tout ce qui sera nécessaire pour parfaire la somme totale de cent vingt livres de la même monnaie, en faveur de six chanoines qui, comme ledit doyen, auront obligation et devoir de faire résidence continue dans l'église érigée; d'y acquitter, et sans aucune restriction, les fondations et autres charges qui incombaient à l'église érigée elle-même, ainsi qu'à la chapelle de Saint-Jacques qui lui est unie; et, de plus, de chanter dans la dite église érigée, chaque jour, aux heures prescrites et ordinaires, toutes les heures canoniales et une messe du jour, d'y assister en personne, et, à la fin de la grand'messe et des vêpres de chaque jour, de faire et dire

successivement, solennellement et à haute voix, mémoire de
la bienheureuse Vierge Marie et des défunts pour le repos des
âmes des bienfaiteurs de ces églises.

Nous voulons que le doyen de l'église érigée qui, suivant les
temps, sera en possession, puisse percevoir pleinement et
intégralement tous les fruits et revenus ordinaires et casuels
de la dite paroisse de Moëlou ou de Kergrist, et chacun en
particulier, déduction faite de ce que les chanoines ou tous
autres auraient à partager avec lui; — pourvu cependant que
ledit doyen réside, chaque année, dans l'église érigée pendant
huit mois, consécutifs ou non; — faute de quoi, les susdits
chanoines pourront, librement et licitement, prélever sur les
fruits et revenus ordinaires et casuels de l'église de Moëlou
vingt-cinq livres de la même monnaie, pour être partagées
également entre eux. — S'il arrive, d'ailleurs, que les mêmes
chanoines, ou quelques-uns d'entre ci x, s'absentent de la dite
église érigée, les chanoines présents pourront, de même,
percevoir la partie des fruits et revenus casuels qui, au prorata
du temps, reviendrait au chanoine, ou aux chanoines absents
en raison des prébendes qu'ils y auraient obtenues, là convertir à leur utilité et profit, et la partager également entre
eux. — Ils pourront encore, en l'absence d'un chanoine,
commettre à sa place, pour y célébrer les offices divins, une
autre ou d'autres personnes idoines, et les y retenir, mais
seulement pour l'office divin, aussi longtemps que durera
l'absence du chanoine et des chanoines, et, de plus, assigner
à cette ou à ces personnes les fruits qui seraient dus au
chanoine ou aux chanoines absents en raison du temps de
leur absence : Et ce, instituons, ordonnons, et à ce commettons
de Notre autorité et par la teneur susdites, en tant que les
canonicats et prébendes seront eux-mêmes dotés comme il
est dit ci-dessus.

Do Notre même autorité et par la même teneur, Nous
accordons aux doyen et chanoines qui, suivant les temps,
seront attachés à la dite église érigée, le droit d'user de

l'aumusse de fourrure et de la chape, et de porter ces insignes, le doyen à l'instar des dignitaires et chanoines de l'église de Quimper, les chanoines à l'instar des chapelains de la dite église de Quimper ; de s'assembler dans un lieu déterminé, désigné par eux à cet effet ; de se constituer en chapitre, et de tenir chapitre aussi souvent qu'ils le jugeront à propos ; d'avoir et de garder un sceau, un tronc et une cloche capitulaires. — Nous voulons, en outre, que le doyen, le chapitre de ladite église érigée et toute personne y attachée puissent user et jouir de tous et chacuns des honneurs, privilèges, libertés, exemptions, immunités, indults, accordés en général, d'une manière quelconque, par le Siège apostolique ou autrement, à toutes les autres collégiales de cette région et à leurs chapitres et personnel. — Nous voulons aussi que les susdits Pierre, doyen et les chanoines, pour l'heureux état et conservation de leurs personnes et de la dite église, pour le progrès du culte divin et de la dévotion, aient le droit et même le devoir de dresser des statuts et règlements salutaires, conformes aux sacrés canons, et dont l'observation sera de rigueur, ainsi que d'instituer, nommer, organiser et garder des officiers. — Et pour que le culte divin ne souffre aucune diminution dans la dite église érigée, attendu que cette église est à une journée légale de la cité de Quimper, et même au-delà, Nous défendons d'appeler en première instance les susdits doyen et chanoines devant aucun juge ecclésiastique ou séculier, en aucune cause civile ou criminelle, et de traduire les mêmes doyen et chanoines hors la cour épiscopale qui a coutume de se tenir au dit lieu de Rostrenen.

De plus, au susdit Ronnan, recteur actuel de l'église de Moëlou, ou de Kgrist, licencié en l'un et l'autre droit, par un privilège dont il jouira sa vie durant, mais qui ne s'étendra pas à ses successeurs, doyens de l'église érigée, Nous accordons dispense absolue, et telle que personne ne pourrait l'y contraindre, de résider dans l'église ainsi érigée. — A Ronnan et successeurs susdits Nous donnons le droit de porcevoir les fruits et revenus ordinaires et casuels, tous et chacun, habituellement perçus de la dite paroisse de Moëlou; et imposons l'obligation de supporter et acquitter les charges et services supportés jusqu'ici dans l'église de Moëlou ou de Kgrist et dans la chapelle de la bienheureuse Marie par les recteurs qui se sont succédé dans ces églises; et de gérer dans les églises susdites, église de Moëlou ou de Kgrist et église érigée, le soin des âmes tant des paroissiens que des chanoines et autres personnes de l'église érigée, soit par eux-mêmes, soit par un autre prêtre idoine qui, à cette fin, devra être délégué par le doyen alors en charge, et sera amovible à son gré.

Le doyenné ainsi érigé et encore vacant, dont Nous voulons que les fruits et revenus ordinaires et casuels soient par les présentes tenus pour exprimés, en vertu de la même autorité, à l'effet proposé, à partir d'aujourd'hui comme pour l'avenir, et réciproquement, mais cette première fois seulement, Nous le conférons avec tous ses droits et appartenances audit Ronnan, et même Nous l'en pourvoyons.

En outre, de Notre même autorité, Nous réservons, concédons et donnons, pour tous les temps à venir, au susdit Pierre, quand il aura fait la dotation suffisante sus-mentionnée, et à chacun de ses principaux héritiers dans la descendance directe, le droit de faire par eux-mêmes — Pierre et successeurs — pour le doyenné, cette première fois exceptée, mais toutes les fois qu'ensuite il y aura vacance, et pour chacun des canonicats et prébendes ainsi érigés et vacants, dès la première fois, choix de personnes idoines, et, avec le droit de patronage, le droit de présentation du doyen à l'évêque de Quimper, pour la collation être faite par ledit Évêque, après avis du chapitre de l'église érigée, et des chanoines et prébendés susdits au susdit Ronnan, ou au doyen alors en possession dans l'église érigée, auxquels Ronnan et doyen en possession il appartiendra de les instituer simultanément ou successivement sur la présentation de Pierre et successeurs.

Et cependant à l'abbé du monastère de Langonnet, dudit diocèse, et au chantre et archidiacre de l'église de Tréguier, Nos chers fils, Nous donnons commission par Lettres apostoliques pour, en vertu de Notre autorité, tous deux, ou l'un sans l'autre, par eux-mêmes, ou par un ou plusieurs représentants, mettre le dit Ronnan, ou le procureur agissant en son nom, en possession corporelle du doyenné et ses droits et appartenances ; pour le défendre une fois en possession ; pour l'installer dans le doyenné selon l'usage ; pour se faire répondre intégralement de tous les fruits revenus ordinaires et casuels, droits et obventions dudit doyenné ; de plus pour assurer à Ronnan, ainsi qu'aux chanoines susdits, quand ils auront été nommés aux prébendes, l'usage et jouissance paisible des présentes lettres, de toutes les dispositions y contenues, et de chacune en particulier, d'ailleurs selon la teneur et la forme de ces lettres ; ne permettant pas que, contrairement à la forme des présentes, ils soient molestés en aucune façon, opposant aux contradicteurs Notre autorité, avant tout appel, et invoquant même, s'il est nécessaire, le secours du bras séculier, nonobstant toute volonté et dispositions antérieures (de notre part), toutes promesses, constitutions et dispositions apostoliques contraires.

Et le droit que pourraient alléguer certaines personnes, d'être pourvues des susdits bénéfices, ou d'autres bénéfices ecclésiastiques dans cette région, se fondant sur des lettres générales ou spéciales qu'elles auraient obtenues du Siège apostolique ou de ses légats, alors même qu'en vertu de ces lettres il eût été procédé à inhibition, réservation, arrêt, ou à toute autre opposition, lesquelles lettres, ainsi que les procès auxquels elles auraient donné lieu, et tout ce qui s'en serait suivi, Nous voulons demeurer sans effet, en ce qui concerne l'église et la chapelle ainsi réunies, sans pour cela retirer à ces personnes le droit d'obtenir les autres bénéfices.

Ou tout indult que l'évêque de Quimper, ou tous autres, en commun ou séparément, aurait reçu du même siège, en vertu duquel ils ne seraient nullement tenus de recevoir ou de pourvoir quelqu'un, et ne pourraient y être contraints, non plus qu'interdits, suspens, excommuniés par lettres apostoliques ne faisant pas mention entière, expresse et littérale d'un tel indult, et de tous autres privilèges, indults et lettres apostoliques généraux et particuliers, quelle qu'en soit la teneur, lesquels, faute d'être exprimés par les présentes, ou d'y être totalement insérés, pourraient, de quelque manière, en empêcher ou en retarder l'effet, et chaque mention spéciale, en leur teneur entière, qu'en devraient faire nos lettres.

Ou bien le cas où le dit Ronnan ne se présenterait pas pour prêter le serment d'observer les statuts et coutumes de l'église érigée, tels qu'ils doivent être arrêtés, pourvu qu'il le prête en son absence par un procureur autorisé, et après avoir fait acte de présence corporelle à la dite église.

Mais nous voulons que dans les six mois qui suivront sa prise de possession, ledit doyen soit tenu d'expédier ses nouvelles provisions au susdit siège, faute de quoi sa présentation et son institution seront de nulle valeur et de nul effet; et que l'église de Moëlou et les chapelles ainsi réunies ne soient point, à cause d'une telle union, frustrées des déférences qui leur sont dues; que le soin des âmes ne soit nullement négligé dans la dite église de Moëlou, et qu'à cet effet le dit Ronnan puisse résider près de l'église de Moëlou; et que, la chapelle de Saint-Jacques devenant libre soit par la retraite ou le décès du dit Alain, soit par l'abandon quelconque qu'en ferait le chapitre, les susdits Ronnan et successeurs puissent par eux-mêmes, ou par un autre ou par d'autres, librement et de leur autorité propre, en prendre possession corporelle, ainsi que de ses droits et appartenances, en convertir les fruits et revenus ordinaires et casuels à leur utilité et profit, comme à l'utilité et profit de l'église érigée, de l'église de Moëlou ou de Kgrist, et même de la chapelle Saint-Jacques, sans requérir autorisation ni de l'ordinaire du lieu, ni de toute autre personne.

En outre, Nous déclarons dès aujourd'hui nul et de nul effet, tout acte attentatoire au respect de cette constitution, de quelque personne ou de quelque autorité qu'il émane, qu'il soit conscient ou inconscient. Ainsi donc qu'aucun homme ne se permette d'enfreindre, ou seulement de s'élever contre les lettres par lesquelles nous unissons, annexons, incorporons, supprimons, abolissons, érigeons, distinguons, honorons, décorons, instituons, ordonnons, déléguons, concédons, conférons, pourvoyons, réservons, donnons, commettons voulons et constituons.

Et quiconque aura l'audace de commettre cet attentat, encourra, qu'il le sache bien, l'indignation du Dieu tout-puissant et de ses bienheureux apôtres Pierre et Paul.

Donné à Rome, à Saint-Pierre, l'an de l'Incarnation du Seigneur mil quatre cent quatre vingt-trois, le sixième jour des calendes de septembre, la treizième année de notre Pontificat (27 août 1483).

VI.

EXTRAIT DE L'ADVEU RENDU AU ROY PAR LE BARON DE ROSTRENEN LE DERNIER JOUR D'OCTOBRE 1548.

C'est l'adveu, description, déclaration et dénombrement des terres, rentes, héritages, cheffrantes, droits héritels, seigneuries, prérogatives, fiefs et arrière-fiefs, privilèges, prééminences et autres droits de la baronnie et seigneurie de Rostrenen, par haut et puissant Jean du Quélénec, baron du Pont et de Rostrenen, vicomte du Fou et de Coetmour, sire du Quelenec, du Pontou, et tenus en fief proche ligement à foy, hommage et devoir de rachapt sous le Roy notre souverain Seigneur en sa barre et juridiction de Kahès, à cause de

laquelle terre, baronnie et seigneurie a ledit baron privilège
de même à avoir de sa personne et de ses officiers et subjets
à chacuns plaits généraux de la ditte cour le premier jour des
dits plaitz alternatifs avec le comte de Laval, à cause de sa
seigneurie de Quergorlay et pouvoir de rétrocer ses subjets à
sa cour de Rostrenen, quelle terre baronnie et seigneurie
dudit Rostrenen est échue et advenue au dit baron du Pont
par le moyen de deffunte dame Gillette du Chatel, sa mère, qui
fille fut de deffunte Louise du Pont, sœur aînée de feu Johan
du Pont, auquel précéda dame Louise du Pont décédée au
mois de décembre l'an mil cinq cent vingt-six, sans hoirs de
corps.

Et premier, Le château et forteresse du dit Rostrenen avecq
ses donjon, basse-cours, murs, douves, jardins, vergiers,
colombiers, estangs, viviers et autres retenues d'eau, prairies,
issues et terres de ses apartenances, à tout devoir de guet,
curages de douves, forests forestables, bois taillis, avec droit
de chasses à toutes bestes, à rets filets, etc., autrement.

Item la ville et fauxbourg dudit Rostrenen avecq son église
collégiale de notre dame de Rostrenen en laquelle ledit baron
a et luy apartient droit de patronage, de présenter doyen et
recteur de la paroisse de Moëlou et prieur du prieuré et cha-
pelainie de Saint-Jacques, chanoines et chapelains en la dite
église collégiale et autres églises, cohues, halles, four à ban,
privilèges de foire et de marché, èsquels apartient au dit
baron tout devoir et manière de coutume, espaves et gau-
lois avecq devoirs de trépas et conduite de toutes marchandises à enlever et cueillir par toute sa juridiction de Rostrenen,
et singulièrement près Kahès et jouxte un ruisseau dit en
Funtun pistis, et pour particulièremedt déclarer :

La ferme appellée La Cohue ancienne sur et par cause
duquel est deu au dit baron scavoir de chacune somme froment qui se vend audit Rostrenen trois deniers monnoye de
chacune somme seigld froment noir pillatte, pareille somme
de trois deniers monnoye des étrangers et des habitans

dudit Rostrenon, la moitié d'icelle somme de chacun vingt sols pour achapt d'avoine grosse que menue, des étrangers vingt deniers et cinq deniers des dits habitans de chacunne somme de pain qui sera vendue au dit Rostrenen, le premier emprès le premier de mars, à chacun jour de foire trois deniers des étrangers et la moitié des dits habitants, à chacun mardy et jour sur semaine des dits étrangers pour chacunne ditte somme deux deniers et des dits habitans un denier.

Item la ferme du marché Annou sur et par cause duquel est deu audit baron scavoir de chacun vingt sols employés en achapt de fil dix deniers monnoye des étrangers et des habitans du dit Rostrenen la moitié qui sont cinq deniers monnoye.

De chacuns drapiers estrangers étalants audit Rostrenon à chacun jour de foire dix deniers et à chacun jour de marché cinq deniers monnoye et les dits habitans la moitié et doublent les dits deniers la première semaine emprès le premier jour de mars.

Item de chacun vendeur de toile grosse ou rouge au dit Rostrenen estrangers, à chacun jour de foire quattre deniers, et à chacun jour de marché deux deniers, et la moitié des dits habitans.

Item est dou audit baron pour raison dudit marché Annou pour chacun vingt sols employés en achapt de beurre par les étrangers dix deniers, et des dits habitants la moitié.

De chacun vendeur de lin et chanvre de la première vente faitte au mois de mars quattre deniers, à chacun jour de foire pareille somme et à chacun jour de marché deux deniers, et les dits habitans la moitié.

De chacune sachée de semence de lin ou chanvre vallants plus de douze deniers, à chacun jour de foire ou marché deux deniers, et la moitié des dits habitans; de chacun vendeur d'autre semence de la première vente en mars à jour de foire quattro deniers et à chacun jour de marché deux deniers, et la moitié des dits habitans.

De chacun boucher estranger faisant la première vente en mars, de chacun mouton deux deniers, de chacun bœuf ou vache quattre déniers, et à chacune foire pareille somme et à chacun marché la moitié scavoir, un denier chacun mouton, deux deniers pour bœuff ou vache, et la moitié des dittes sommes est doue par les dits habitans.

De chacun poissonnier pour la première vente pour le commencement de ferme et à jour de foire quattre deniers et à jour de marché deux deniers des dits étrangers, et des dits habitans la moitié.

Item de chacun achepteur de lard scavoir, des étrangers de chacune côte deux déniers soit foire ou marché, et les dits habitans la moitié.

De chacune vente de suiff et autres graisses est dou au dit baron soit foire ou marché deux deniers des étrangers, et la moitié des dits habitans.

De chacun mercier étranger, à chacun jour de foiré deux deniers et une aiguillette, et à jour de marché un denier, et des dits habitans la moitié.

De chacune ruche à mouche à miel, desdits étrangers deux deniers, et des dits habitans la moitié.

De chacune somme de fustaye, oignons, naveauts, pois et fouves, chapeaux, pallots, hugues, fauscilles, fuseaux, écueilles, ferailles, poêles et souliers de bois, à chacune première vente en mars et à chacun jour de foire quattre deniers, et des dits habitans la moitié.

De chacune pièce de drap de burdau, à la première vente en mars à jours de foire quattre deniers, à chacun jour de marché deux deniers, et des dits habitans la moitié.

De chacune vente de fil de lin, scavoir de chacun vingt sols vingt deniers monnoye.

De chacune paire de roues ferrées seize deniers et celles non forrées vingt deniers, et des petites rouelles quattro deniers des étrangers, et la moitié des dits habitans.

De chacune somme de coliers appelés jones et autres menues marchandises, à jour de foire quattro deniers et à jour de marché deux deniers.

Plus est doub audit baron pour devoir de trépas et conduit de chacune charge de marchandise passant par sa juridiction, au commencement et emprès le premier jour de mars cinq deniers, et à chacune fois qu'il passent deux deniers obolles.

De chacune charrotte ferrée chargée de marchandises passant par la ditte juridiction, deux sols vingt deniers, et d'autres charrottes non ferrées seize deniers.

De chacun cheval ou poullain cinq deniers monnoye.

De chacun couple de bœufs ou vaches deux deniers oboles.

Item est doub audit baron à cause de la forme du marché à cuir scavoir, de chacune somme de cuir et soliers des étrangers à chacune foire de force quattro deniers et à jour de marché deux deniers, et les dits habitans la moitié.

Item de chacun cuir de bœuff ou vache tanné, un denier obole, et de celles qui ne sont point tannées deux deniers des étrangers, et des habitans la moitié.

De chacune douzaine de peaux de veaux tannez ou non tannés, huit deniers à jour de foire, et quattro deniers à jour de marché des étrangers, et des habitans la moitié.

Plus est deu au dit sire baron pour raison de la forme du marché à cause de chacune vente ou achapt, scavoir, de chacun vingt sols vingt deniers des dits étrangers, et des dits habitans la moitié.

Outre est deu au dit sire baron pour raison de la forme du marché à bastor scavoir, de chacun achapt de cheval ou jument huit deniers, et pour troque ou échange chacune des parties quattro deniers des dits étrangers, et des dits habitans la moitié.

17

De chacun bœuff ou vache, mouton ou pourceaux deux deniers des dits étrangers, et des dits habitans la moitié.

Item luy est deub pour raison de la ferme et marché des pots et sel de chacune somme de sel, à jour de foire quattre deniers, et à jour de marché deux deniers des dits étrangers, et des dits habitans la moitié.

Plus pour la ferme et devoir de boutouillage de chacunne pipe de vin sortant hors du dit Rostrenen huit deniers, et de chacunne busse quattre deniers, et de chacun cheval à bast vingt deniers.

Pour devoir de la ferme du four à ban est deub aux personnes fourniers, pour cuire le pain de dix-huit sols ou autre pain un denier.

Item luy est deu pour la ferme de la cohue nouvelle qui s'afferme par commun an quatre vingt livres monnoye.

Item la ferme des épaves et gallois qui s'afferme par commun an cinquante sous monnoye.

Sur et par cause de laquelle terre, seigneurie et baronnie, le dit du Quélenec baron susdit à cour et juridiction, haute, basse et moyenne exercée par sénéchal, alloué, lieutenant, procureurs, officiers, leurs lieutenants et substituts, prévots, sergents féodés et autres ministres de justice patibulaire à six pots et potance, à cause de laquelle iceluy du Quelenec baron susdit doit, a promis et s'est obligé, et par son serment obéir et qu'il obéira au Roy notre souverain Seigneur comme l'un des autres seigneurs et barons de ce pais et duché, et que la nature du fief le requert, déclarant et déclare bailler ce présent minu et adveu pour absolou, et qu'autre chose ne tient prochement ny en proche fieff du Roy sous sa ditte juridiction et seigneurie de Kahès, et pour ce qu'ainsy l'a voulu, promis, greyé et juré, tenuir fournir, intégramment accomplir sans jamais encontre faire ny venir, le moins quant fixé par notre cour de Kahès à laquelle s'est soubmis et sous le sceau étably pour les contrats d'icelle, condemné et condemnons. Et pour présenter et ester à la chambre des Comptes dudit seigneur en ce dit pais et duché, et environ tout ay faire les choses pertinentes et requises, le dit du Quelenec, baron devantdit, a institué pour procureurs o pouvoir exprès et spéciaux scavoir : M⁰⁰ Yves Brechard, Armel Moulac, Jean Bobillé, promettant par présent avoir ferme stable et agréable tout ce que environ ce aura été fait et procuré. Ce fut fait et grée au château de Rostrenen le 2ᵉ jour d'octobre l'an mil cinq cent quarante-huit. Signé en l'original J. Melou et du Penpoulou, et scellé du grand sceau de Bretagne.

VII.

COMMISSION DE MONSIEUR DE SOURDÉAC AU SIEUR DU LISCOET
POUR FORTIFIER ROSTRENEN EN 1593.

René de Rieux, seigneur de Sourdéac, lieutenant pour le Roy en Bretagne, sur la remontrance à nous faite par le sieur du Liscoet qu'il est requis et très nécessaire de fortifier et assurer la place et chasteau de Rostrenan, et que pour le faire lui eussions voullu décerner nostre commission, et par icelle lui permettre contraindre les paroisses voisines dudit Rostrenan. d'y contribuer et aller travailler, nous désirans pourvoir à ce, avons donné et par les présentes lettres donnons pouvoir et commission audit sieur du Liscoet contraindre et faire aller les habitans des paroisses contenues au département lui délivré par Mᵉ Michel Touffaie pour le payment de sa garnison pour le temps de deux mois, qui sont au nombre de quarante et une paroisses, desquelles il en retiendra unze pour payer tel nombre de Lamballays qu'il voira et jugera estre nécessaires pour travailler auxdites fortifications, à raison de dix souls pour chacun des dits Lamballais par

chacun jour ; et le reste des dites paroisses, qui sont au nombre
de trente, chacune desquelles yra et sera contrainte aller
travailler auxdites fortifications, en chacun moys deux jours,
et fera ledit sieur du Liscoet travailler pendant le temps de
deux mois auxdites fortifications.

A Guingamp, le 8 avril 1593.

RENÉ DE RIEUX.

(D. Morice. Pr. III. 1562.)

VIII.

EXTRAIT DES VIEUX REGISTRES DE LA MAIRIE DE ROSTRENEN,
ANNÉE 1659, CONCERNANT MARIE-FRANÇOISE DE GUÉMADEUC (1).

« Sous le Pontificat de nostre saint Père le pape, Alexandre
septième, régnant en France, Louis XIV surnommé Auguste
Dieudonné, sur l'advis reçu de l'arrivée en cette église collégiale insigne de *haute et puissante dame Madame Marie-Françoise de Guémadeuc*, dame des baronnies du Pont, de Rostrenen, de Guémadeuc, du vicomté du Faou, des chastellenies
et seigneuries du Quélennec, Carnoet, Iffiniac etc., patronne
laïque du chapitre de lad. église, vefve en premières nopces
de haut et puissant seigneur messire François de Vignerod,
vivant seigneur de Pont-de-Courlay, marquis de Graville et
conseiller du Roy en ses conseils, chevalier des ordres du
Roy, général des galères de France, lieutenant général pour
Sa Majesté ès mers et armées du Levant, mestro de camp des
régiments du Hâvre-de-Grace, capitaine d'une compagnie de
chevaux légers et gouverneur pour la dite Majesté des ville et

(1) Nous donnons cet acte pour copie conforme, dans son style emphatique et
ampoulé, à titre d'acte de baptême curieux dans son genre.

citadelle du dit Havre, et en secondes nopces, vefve de haut
et puissant seigneur messire Charles de Grivel de Gamache
de Grossenne, chevalier, comte d'Auroué, baron de Truey,
seigneur de Vanneville et gouverneur pour sa dite Majesté
des ville et chasteau de Fougères, pour estre maraine de
l'enfant nommé cy-après, nous doyen, chef du chapitre dudit
Rostronen, accompagné des vénérables chanoines et clergé
de la dicte église, parez de chapes avec la croix et le batton
cantoral nous sommes transportez au porche de cette église
pour recevoir sa grandeur et lui rendre les respectz et sub-
missions que nous lui devons, ensuite de quoy nous susdit
Doyen avons faict les bénédictions et appliqué les onctions
qui accompagnent le Saint Baptesme à un garçon né le vingt
et uniesme septembre mil six cent cinquante quatre, enfant
légitime et naturel de Escuyer Jean de Suasse et de Susanne
de Querpaën, sieur et dame de Saint-Ygeau, de Quérambelleo
et demourans en cette paroisse de Moellou, d'autant que le
lendemain de la naissance dudit garçon a esté imposé le nom
de François Alain par haut et puissant seigneur messire
Alain Barbier, seigneur de Guernao, baron du Lescouet et
chattelain de Querge, demourant en la paroisse de Duault, et
par ma dicte dame estant de présent en cette ville — signé
Marie Françoise du Guémadeuc, — *Allain Barbier,* — d'Aubigny, — Robin de Ramscaple, doyen. — Françoise Lescoble, —
Françoise de Suasse, — Claude-Corentine de Kpaën, — Louise
de Kpaën, — Gillette de Kpaën, — Vincent de Kpaën, —
Maurice Guégant, — Claude de Suasse.

———

IX.

PRISE DE POSSESSION DE LA BARONNIE DE ROSTRENEN ET DE SES DÉPENDANCES, LES DERNIERS JOURS DE NOVEMBRE 1670, PAR FLORIMONDE DE KERADREUX, DAME DE LANTIVY DU COSCRO, APRÈS L'ARRÊT RENDU A PARIS LE 4 SEPTEMBRE 1670. *(Le commencement de cette volumineuse pièce manque).*

..... Il sera baillé à ladite dame du Coscro, premièrement ladite baronnie de Rostrenen consistant en ruisnes et emplacement d'un vieil chasteau avecq ses douves, contrescarpe, estang, colombier et jardin, le grand pré du seigneur, un autre pré du seigneur, l'estang de Kboscon et pré et pasture; les bois taillis de Kboscon, de Rostrenen et du Marvó, les masures et ruisnes des maisons de la métairie de Parcambozec, avec les terres et prés en dépendant, ensemble le pré de Pratgestin, le four à ban, geôle, halles et auditoire de la dicte ville de Rostrenen, droits d'estalage et coustume qui se lèvent tant dans la dicte halle que hors ou à l'entour d'icelle, coustumes des foires et marchés, conduits et passages de la ville de Khaes, pont de la Picardie, et de Sainct Anthoinne, fond du bois de Quistillicoajou, convenant, rentes et chefrentes, corvées, commissions et autres droits, greffes tant civil que criminel de ladite baronnie de Rostrenen, et de Rostrenen en Plounévez Quintin, moulins à eau et estangs de Quistillicouejou, le moulin à eau du Cordic; secondement la seigneurie des Isles dépendants de la dicte baronnie de Rostrenen consistant en maisons, manoir noble, et métairie des Isles, jardins, terres, prés et pastures en dépendants, le bois taillis de Rosannec, convenants, rentes viagères, et chefrentes, corvées, commissions et autres droits, moulins à eau et estangs de Kerodou et de Bellechasse, droits honorifiques et prééminences ès église collégialle de la dicte ville de Rostrenen dont les seigneurs

du dict Rostrenen sont fondateurs, et en l'église du dict Ķgrist
Moëllou, — haute, moyenne et basse justice en l'estenduo
des dictes baronnie et seigneuries, tout ainsi que le tout est
plus amplement spécifié par nostre procès-verbal du vingt-neuf
aoust mil six cens soixante neuf. Et pour la somme de quatre
mil neuf cens trente cinq livres, trois sols, deux deniers de
revenu, à laquelle les dites choses ont esté estimées et prisées
par nostre dit procès-verbal; troisièmement les rentes consives
deues à ladite baronnie de Rostrenen au jour de la décollation
de saint Jean sur les maisons de la dicte ville de Rostrenen pour
l'estimation qui en a esté faicte en conséquence de nostre
ordonnance du vingt deuxième jour des présents mois et an, a
la somme de soixante quinze livres, dix sols, sept deniers de
revenu, les dites deux sommes montant à celles de cinq mil
dix livres, treize sols, neuf deniers; et pour faire l'assiette et
récompense du surplus de la dite somme de sept mil quatre
cens huit livres, onze sols de revenu, montant à deux mil trois
cens quatre vingt dix-sept livres, dix-sept sols, trois deniers
aussi de revenu, nous ordonnons que lesdits sieurs priseurs
nobles et lesdits arpenteurs continueront à faire partage,
division et estimation de la dicte forest de Ķgrist Moëllou en
bois de haute fustaye, scituée en la paroisse de Ķgrist Moëllou,
dépendant des dictes seigneuries contenant douze cens quatorze journaux trente-cinq cordes, pour et estre baillé à ladite
dame du Coscro jusques à concurrence tant de la dicte somme
de deux mille trois cens quatre vingt dix-sept livres, dix-sept
sols, trois deniers de revenu; de celle de deux cens quaranto
six livres, dix sols à laquelle, par le dict prisage, les dites métairies de Parcambozec et pré de Pratgestin données en
propriété par la dicte dame comtesse d'Auroy pour l'entretien
d'un prestre qui diroit chacun jour une messe en l'église
collégialle dudict Rostrenen, ont été estimées; que de la
somme de trente livres donnée aussi par la dicte dame
comtesse d'Auroy pour l'entretien d'un chantre en ladite église,
a prendre par chacun an sur le revenu de la dicte baronnie
suivant les actes des dites fondations et donnations repré-

sentés par la dicte dame du Coscro, de proche en proche et
le plus commodément que faire se pourra pour la jouissance
des partyes. Eu esgard à ce que la dicte forest peut valloir
présentement attendu, les dégradations qui peuvent y avoir
esté commises depuis l'estimation qui en a esté faicte par
nostre procès-verbal du vingt-neuf aoust et autres jours à la
somme de quatre mil cinq cens livres de revenu, sauf à la dicte
dame comtesse d'Auroy à disposer du surplus et restant de
la dite forest de Kgrist Moëllou comme à elle appartenant, et
à la dite dame du Coscro à se pourvoir ainsi quelle verra
l'avoir à faire pour faire descharger les dites baronnie de
Rostrenen et seigneurie des Isles, et forest de Kgrist Moëllou
de ces fondations, donations et autres charges, créées sur
icelles par la dite dame comtesse d'Auroy, ou en faire ordonner
la récompense et assiette sur les autres biens de la dicte dame
comtesse d'Auroy, et des dits sieurs de Rosmadec et d'Espinay, deffences au contraire, et cependant que les dits sieurs
priseurs, et les dicts arpenteurs travailleront à la division de
la dicte forest de Kgrist Moëllou, nous nous transporterons
sur les autres choses et partout où besoin sera pour y mettre
et induire la dicte dame du Coscro en possession réelle et
actuelle, à cet effet nous continuons l'assignation à demain
neuf heures du matin.

Et le dict jour vingt cinquièsme des dits mois et an 1670,
neuf heures du matin, en la dicte ville de Rostrenen, par devant
nous conseiller et commissaire susdit est comparu la dite dame
du Coscro assistée dudict Bannier son advocat, laquelle nous
a dit qu'en conséquence de nostre ordonnance du jour d'hyer,
elle compare et requiert qu'il nous plaise la mettre en la
possession réelle et actuelle des dites baronnie de Rostrenen
et seigneurie des Isles, ce que luy avons accordé, et à cette
fin nous nous sommes transportés, ce requérant et en compagnie de ladite dame, dudict Bannier et de plusieurs personnes qui nous auroient suivis sur les ruisnes et emplacement
dudict chasteau de Rostrenen, proche la ville dudict Ros-

trenen, consistant en masures et fondements de vieilles murailles et tours et murailles d'un ancien pavillon vers septentrion sans aucun doublage, charpente ni couverture, douves,
contrescarpe et estang estant au pied dudit chasteau, en
possession desquelles choses nous avons mis et induict ladite
dame, ensemble du jardin proche dudit chasteau estant en
friche, du colombier y joignant, des prés du Seigneur, et
dudit estang de Kbescon estant à présent en pré et pasture,
par y avoir faict la dite dame tous les actes requis et nécessaires
pour acquérir une véritable possession,

Retournéz en la dite ville de Rostrenen et entrés sous les
halles d'icelle nous avons pareillement mis la dicte dame du
Coscro en possession des dictes halles. Ce fait l'heure de
midy ayant sonné, nous avons monté en compagnie de la dite
dame par un escalier estant au bout de la dite halle, en l'auditoire et lieu où s'exerce la juridiction des dictes seigneuries,
où estant la dicte dame du Coscro assistée dudit Bannier
oudit nom nous auroit dit et remonstré qu'en vertu de nostre
ordonnance du vingt-deux de ce mois elle auroit faict assigner
aux présents jour, lieu et heure, à comparoir par devant les
sénéchal, bailly, procureur fiscal, greffier et autres officiers
des dictes baronnie de Rostrenen et seigneurie des Isles,
ensemble les hommes, vassaux, et tenanciers d'icelles, ainsi
qu'elle nous a faict aparoir par les publications qui en ont esté
faictes aux prosnes des grandes messes des églises et paroisses de Rostrenen, Kgrist Mouello, et Plouguernével, suivant
les certificats des sieurs curés, et à l'issue des grandes messes
de Glomel et Plounévez-Quintin, suivant les procez verbaux
de du Pays, et Adam sergents royaux du vingt troisième jour
des dits mois et an, et d'abondant signifié aux dits officiers et
publié ce jour en la dicte ville de Rostrenen à l'heure du
marché, contre lesquels non comparans elle a requis deffaut,
et pour le profit qu'ils soient condamnés de la recognoistre
pour dame et propriétaire des dites baronnie de Rostrenen et
seigneurie des Isles, tenuz de s'attourner à elle et lui payer à

18

l'advenir les droits et debvoirs des dictes seigneuries, sans préjudice à ladite dame de continuer les dits officiers en leurs charges ou les destituer et en pourvoir d'autres quand bon luy semblera. Signé *Florimonde de Karadreulx* et Bannier.

Et à l'instant sont comparus maistre Yves Simon, escuyer, sieur de Kmoquer, procureur fiscal, maistre Henry Armand, ancien procureur, Vincent Guillou et Mathurin Le Buen, Jean Cadiou, Jacques Giraut, noble Jean Raoul, et Jacques Depot aussi procureur des dites seigneuries, Tristan Hamon, commis au greffe des dictes baronnie et seigneurie, lesquels nous ont unanimement dit qu'ils comparent pour satisfaire à nostre ordonnance, qu'ils n'ont aucuns moyens pour empescher la dicte possession, aux protestations que le tout ne pourra nuire, ni préjudicier à la dicte dame comtesse d'Auroy. Signé : Symon procureur fiscal, Jacques Guillou advocat, Louis Le Gallic advocat en la cour, Jacq Thepault notaire et procureur, Armant procureur, Le Bihan procureur, Jean Raoul procureur, V. Guillou procureur, Jean Cadyou procureur, Armant procureur, Louis Fraval procureur, et Tristan Hamon, commis au greffe de Rostrenen.

Est aussi comparu noble et discret missire Maurice Picot (1), prestre, recteur de la paroisse de Plouguernével, lequel a déclaré qu'il n'a moyens pour empescher la dicte prise de possession, qu'après la lecture qu'il a entendue dudict arrest du quatre septembre dernier, il recognoist la dicte dame du Coscro pour dame et propriettaire des dictes baronnye de Rostrenen et seigneurie des Isles, auxquelles il recognoist debvoir obéissance féodalle à cause de sa terre de Kdeven sans aucun debvoir de rachapt ny chefrentes, promet de luy continuer la dicte obéissance à l'advenir. Signé : *Maurice Picot.*

Sont aussi comparus plusieurs autres particuliers lesquels, après avoir entendu la lecture qui a esté faicte publiquement

---

(1) Lequel seconda avec un grand zèle les vues du P. Maunoir, pour la conversion de la Haute-Cornouaille, et fonda les deux séminaires de Quimper et de Plouguernivel.

dudict arrest, ont pareillement déclaré n'avoir moyens pour empescher la dite prise de possession, recognoissent la dite dame du Coscro pour dame et propriettaire des dictes baronnie de Rostrenen et seignourie des Isles, promettent de lui payer à l'advenir les cens, rentes convenancières, viagères, chefrentes, corvées et autres droits et debvoirs qu'ils y doivent à cause des tenues et terres qu'ils possèdent en relevant, et ont signé et déclaré ne scavoir signer. Signé : Le Moel, Jac. Hamon, R. Ollivrin, P. Ollivrin, G. Labbé, V. Guillou et Louis Orial.

Ce faict la dite dame du Coscro a requis deffaut contre les deffaillants, et pour le profit qu'il nous plaise les condamner avecq les comparans à la recognoistre en l'advenir. Signé : *Florimonde de Karadreulx* et Bannier.

Sur quoy nous conseiller et commissaire susdit avons donné acte à la dicte dame du Coscro et audit Bannier son conseil, et aux susdits comparans, de leurs comparutions, réquisitions, protestations, déclarations, et en la présence dudict sieur procureur fiscal, desdits advocats, procureurs, commis de greffe, notaires, sergents, hommes, vassaux, tenanciers et autres personnes en grande affluance, faict faire lecture dudict arrest du quatre septembre dernier, à haute et intelligible voix, et déclaré qu'en vertu dudit arrest et de nostre commission nous mettions et induisions la dicte dame du Coscro présente en la possession réelle et actuelle des dictes terres, baronnie de Rostrenen, seignourie des Isles, auditoire, juridiction, haute, moyenne et basse justice, cens, rentes convenancières, viagères, chefrentes, droits et debvoirs en dépendants, comme de faict nous avons mis et induit la dicte dame en la dite possession, qu'elle a prise pour avoir faict tous les actes requis et nécessaires pour parvenir à une véritable possession, et ordonné que le dict arrest sera enregistré sur le papier du greffe de ladite juridiction sur lequel sera pareillement faict acte de la présente prise de possession, condamné les dits officiers et tenanciers de recognoistre ladicte dame du Coscro

pour dame et propriestaire des dittes terres, s'astourner à elle
et luy payer à l'advenir les dits droits et debvoirs, deffaut
contre les deffaillants et pour le proflt déclaré nostre présente
ordonnance commune avecq eux.

Et dudict auditoire nous nous sommes transportés en compagnie de la dite dame du Coscro, assistée dudict Bannier, en
l'église principale, collégialle et paroissialle de ladite ville de
Rostrenen, à l'entrée et sur la porte de laquelle nous aurions
trouvé maistres Nicolas Conan, Jean Guillou, Guillaume
Rouault, Jacques Romiou, Charles Buet et Yves Le Gallic,
prestres et chanoines en la dite église, le dit Rouault curé de
la dite paroisse, le sieur doyen estant absent, revestus de leurs
surplis, dominos et chapes, portant le baston cantoral et la
croix, auxquels ayant fait faire lecture dudict arrest du quatre
septembre dernier, et faict entendre que nous venions pour
mettre la dite dame du Coscro en possession des droits et
prééminences que les seigneurs de la dite baronnie de Rostrenen ont en la dite église, ils nous ont tous unanimement
déclaré qu'ils consentoient la dite prise de possession, à l'effet
de quoy ils nous ont conduit et la dicte dame du Coscro dans
le cœur de la dite église, et nous ont dit que les seigneurs
barons dudict Rostrenen sont supérieurs et fondateurs de
ladite église, qu'en cette qualité ils ont pouvoir de nommer
audict doyenné par l'advis du chapitre, de présenter les prébendes et canonicats audit sieur doyen qui a le droit de *visa*,
et de nommer quatre coristes, qu'aux prosnes des grandes
messes paroissialles l'on faict les prières nominalles pour
les dits seigneurs, lesquels ont pareillement droit de bancs,
tombeau et enfeu tant du costé de l'épistre joignant le banc
de ladite seigneurie que dans la cave estant sous l'autel ; et
pour marque des dites seigneuries et prééminences, ils nous
ont monstré et faict voir dans le haut de la principalle vitre
dudict cœur, un escusson portant de Bretagne à trois faces
de gueulle sans timbre ny autres ornements qu'ils nous ont
dit estre les armes pleines de Rostrenen. Au dessous un

escusson des mêmes armes avecq le collier de l'ordre de
Saint-Michel, des deux costés d'iceluy deux autres escussons,
le premier des armes pleines dudict Rostrenen, l'autre mi
party au premier *de gueulle aux macles d'or qui est Rohan*, au
second des dites armes de Rostrenen. Puis nous ont pareillement faict voir du costé de l'évangille proche le balustre et
marchepied pour monter à l'autel et joignant les chaises des
chanoinnes, un grand banc fermé eslevé de terre de deux
marches, sans armes ni écussons, du costé de l'épistre joignant
et attaché audict balustre et marchepied, un petit banc,
accoudener ou prie-Dieu, sur un costé duquel est point sur le
bois un homme à genoux portant sur son estomac un escusson
de gueulle au lion d'or passant, qui sont les armes du Pont-
l'Abbé, des deux costés de sa teste deux autres escussons, un
mi party aux armes du Pont et de Rostrenen, l'autre aux
armes pleines du dict Rostrenen, entre le dit prie-Dieu et la
muraille dudict cœur touchant au marchepied dudit autel, un
tombeau de pierre eslevé de trois pieds, chargé de deux
statues, aussi de pierre, une d'un homme armé aiant ceinture
et espée, l'autre d'une femme, touttes deux couchées à costé
l'une de l'autre. A costé et sur le dict tombeau trois escussons
en pierre, un d'hermines à trois faces qui est Rostrenen,
l'autre d'hermines à trois chevrons qui est de Ploucht (de
Plœuc), et le troisième en losange my party au premier de
Rostrenen et au second dudict Plouctht (de Plœuc), lesquels
banc, prie-Dieu, tombeau, ensemble les pierres tomballes qui
sont sous le dict autel et sur le marchepied d'iceluy, ils nous
ont dit estre les bancs, prie-Dieu, tombeau et enfeu des
seigneurs de Rostrenen, prohibitifs à tous autres; et estans
sortis dudict cœur et entrez dans la nef de la dite église les dits
sieurs curé et chanoinnes nous ont pareillement fait remarquer dans les vitres des deux pignons d'icelle plusieurs
escussons et armes de différentes manières, entre lesquels les
armes de Rostrenen sont en supériorité; dans le milieu et vers

le bas de la vitre estant au pignon du bas de la dite église, un escusson mi party au premier de gueulle aux anneaux d'argent(1),
et au second de Rostrenen; et estant aussi sortis sous le
portail de la dite église, ils nous ont aussi faict voir aux piedz
d'une figure de Nostre-Dame posée sur une colonne de pierre
estant entre les portes de l'entrée de la dite église, un escusson
en pierre des armes dudict Rostrenen accompagné de deux
bustes d'angelots; dehors la dicte église au haut du pignon de
la nef du costé du midy, et au dessus de la vitre estant audit
pignon, un escusson en pierre couché aux armes pleines de
Rostrenen, orné d'un casque ouvert avecq son cimier, le dict
casque porté par deux sauvages estant debout aux costés
dudict escu, des deux costez dudict pignon sur la même ligne
dudict escu deux statues de sauvages estant debout portant
chacun une bannière, la première aux armes pleines dudict
Rostrenen, la seconde frettée; au dessous et des deux costez
du haut de la dicte vitre, deux niches esquelles sont placées
debout deux statues de pierre d'hommes portant couronnes à
trois trèfles, habillemens, ceintures et espées qui sont mar-
ques de banneret et ancienne baronnie; nous ont semblablement dit que dans les bouts des deux aisles de la nef de la dite
église, il y avait des pierres servant de clef ausdites voutes,
gravées d'escussons aux armes pleines dudict Rostrenen, lesquelles pierres ils furent obligéz de faire oster des dictes
voutes depuis deux à trois ans, les dictes voutes estant en
ruisne et caducques. signé : Nicollas Conan, Guillou, Jacques
Romyou, Guillaume Rouault, Charles Buet et Yves Le Gallic.
Desquelles déclarations et recognoissances avons donné acte
à la dite dame du Coscro elle le requérant, et de ce que dans
touttes les vitres et autres endroits du cœur de la dite église,
il n'y a aucunes armes que celles cydessus. Et avons en la
présence des dits sieurs curé et chanoinnes et de grand
nombre de personnes mis et induict la dite dame du Coscro en
la possession réelle et actuelle des susdits droits de patronnage,

(1) De Coëtmen.

droits honorifiques et prééminances de la dite église, droits de
bancs, tombeau et enfeu prohibitifs à tous autres, pour avoir
la dicte dame entré et pris place esdicts bancs, faict prières,
sonné les cloches, et autres actes pour acquérir possession.
Comme aussi nous avons enjoint auxdits sieurs curé et chanoinnes de recognoistre à l'advenir la dicte dame du Cosero
pour dame et propriettaire des dites baronnie de Rostronen
et seigneurie des Isles, luy rendre les debvoirs et obéissances
à quoy ils sont tenus et obligés, enregistrer lediot arrest du
quatre septembre dernier et faire mention de la dite prise de
possession dans leur registre et actes capitulaires. Signé :
Florimonde de Karadreulx et Bannier.

De la dicte église nous nous sommes transportez au fournil
et four a ban de la dicte ville de Rostronen, auquel lieu nous
aurions rencontré Mathurin Le Bout et Marie Piriou sa femme,
fermiers d'iceluy, ausquels ayant faict entendre nostre dite
commission et que la dicte dame du Cosero estoit dame
desdites baronnie de Rostronen et seigneurie des Isles, leurs
appartenances et dépendances, la dicte dame seroit en leur
présence entrée et allée par les dits fournil et four, fermé et
ouvert les portes et fenestres, faict feu et fumée, bu et mangé,
mis et faict sortir hors, et puis après y revenir et faict rentrer
les dits.....

(Ici manquent quatre pages, dans lesquelles se trouve la visite
à Glomel, à laquelle a trait ce qui suit : cette seigneurie étant
alors possédée par messire Gilles Jégou, seigneur de Korvilio.)

..... Sur quoy nous conseiller et commissaire susdit avons
donné acto à la dicte dame du Cosero et audict Bannier
audict nom de ses dires, remontrances et réquisitions, ensemble audict sieur de Kvilio de son opposition et sans préjudicier ni aux droits des parties au principal, avons mis et
induict ladite dame du Cosero en la possession réelle et
actuelle des droits et prééminences qui peuvent appartenir

ausdits seigneurs barons de Rostrenen en ladite église et
paroisse de Glomel par y avoir faict la dicte dame du Cosoro
tous les actes requis et nécessaires pour acquérir une véritable
possession. Et la nuit aprochant, nous nous sommes retiréz
en la dicte ville de Rostrenen, et continué à la dicte dame du
Cosoro l'assignation au lendemain.

Et le vingt septième jour du dict mois et an, Nous conseiller
et commissaire susdict, nous sommes, en compagnie et ce
requérant la dite dame du Cosoro assistée dudict Bannier,
transportez en l'église et chapelle de Sainte-Catherine, scituée
au faubourg de la rue Porz Moëllou, de la dicte ville de
Rostrenen, en laquelle chapelle elle a appris que dans les vitres
d'icelle il y a plusieurs escussons des armes et des alliances
des seigneurs du dict Rostrenen, desquelles armes elle nous
supplie de faire une description dans nostre présent procès-
verbal, affin de cognoistre et mieux distinguer les armes qui
se trouveront es églises et paroisses dépendantes de la dite
baronnie de Rostrenen, et esquelles les barons de Rostrenen
sont seigneurs supérieurs et premiers prééminanciers, ou
estant la dicte dame nous a faict voir en la grande vitre qui
esclaire le grand autel, un escusson au lieu le plus éminent
d'icelle, party de France et de Bretagne, plus bas du costé de
l'épistre, un escartelé au premier de gueulle en partye
effacé à deux vaches d'argent qu'elle dit estre *de Béarn*,
au second *de Pont-l'Abbé* qui est d'or au lion de gueulle
rampant, au troisième à trois pals d'argent dont l'on n'a pu
connaistre le fond (1), dans le siège plus bas qui est le
troisième, un escu en bannière party de Rostrenen qui est de
Bretagne à trois fasces de gueulle, et de *Rohan* qui est de
gueulle à neuf macles d'or, et en esgal lieu est un autre escu
aussi en bannière party, au premier de Rostrenen, au second
à une croix chargée de coquilles, cantonnée de seize alérions
dont l'on n'a pu cognoistre le blason (2), au quatrième siège,

---

(1) de Foix. — (2) de Laval.

du costé de l'épistro est un oscu aussi en bannière escartelé, au premier du *Pont-l'Abbé*, au second escartelé au premier et quatrième de gueullo à l'escarbouclo d'or pommeléo et fleuronnée de mesmo, au second et troisième de France avecq uno cottico dont l'on a pu cognoistro lo blason, au troisième du dict oscu de Rostrenon, et au quatrième de Rohan, sur le tout du party de Navarre, de France et Rohan un oscu d'attento en pointe, à l'oposito du costé de l'Évangilo un oscu party au premier party coupé, au premier coupé du Pont-l'Abbé, au second coupé de Rostrenon, au second party de Ponthièvro qui porto de Bretagno à la bordure de gueullo. Au dessouz du tout, trois oscussons en rang, le premier du costé de l'Épistro en pointe eschiqueté d'argent et de gueullo qu'elle dit estro de *Quergournadec*, et de *Plœuc* ce semblo qui porto *de Bretagno* à trois chevrons de gueullos, celui du costé de l'Évangillo encoro de Quergournadec, et au-dessus de l'écu du milieu du dernier rang est un oscu de Rostrenon.

De la ditto chapello allant à uno autre chapello nommée Saint-Éloy, la dicto damo du Coscro assistée du dit Bannier, nous a supplié de nous arrestor dans lo chemin, et de remarquer dans le milieu d'iceluy, à la distance d'environ deux lieues et demyo dudict Rostrenon, et à une lieuo et demyo de Khaes, uno grando croix de pierro eslevée, à laquelle nous avons veu à la baso et au haut deux oscus en pierro portant de Bretagno à trois fasces, celuy de la baso avec uno cotico que la dicto dame du Coscro nous a dit estro les armes de Rostrenon.

Et avons trouvé procho la dite croix François Komenor de la paroisso de Mesle-Khaes, et Henri Komenor de la paroisso de Paullo. Ils nous ont dit que la ditto croix s'appello de Kerleran.

Et arrivéz en la chapello dudict Sainct-Éloy scituée en la paroisso de Paullo, la dicto dame du Coscro assistée du dict

Bannier, nous a supplié de remarquer et de luy donner pour constant que dans le haut et lieu le plus éminent de la vitre estant dans le cœur de la dite chapelle du côté de l'Évangille, il y a un escusson des armes pleines de Rostrenen.

De la dicte chapelle nous nous sommes, en la présence et ce requérant la dicte dame du Coscro, transportez au bourg de Paulle, et antrez dans l'église paroissiale du dit bourg, ladicte dame nous a faict voir et remarquer au haut et lieu le plus éminent de la grande et principale vitre de la dite église, deux escussons, celuy du côté de l'Évangille escartelé au premier et quatrième d'or à deux vaches de gueulle, au second et troisième d'or à trois pals de gueulle, celui du côté de l'Épistre aussi escartelé au premier d'or à deux vaches de gueulle, au second d'or à un lion rampant de gueulle, au troisième d'or à trois pals de gueulle, et au quatrième de Bretagne à trois fasces de gueulle, et plus bas entre les deux un escusson de Bretagne à trois fasces de gueulle qu'elle nous a dit comme devant estre les armes pleines de Rostrenen, ledict escu rompu d'un costé et prest à tomber, et nous a supplié aussi de luy donner acte de ce qu'il n'y a aucunes autres armes dans la dite vitre et requis que comme les dites armes marquent la supériorité et droit de première prééminence des seigneurs barons de Rostrenen en la dite église, il nous plaise de la mettre en possession des dits droits. Signé : *Florimonde de Karadreulx et Bannier.*

Est comparu missire Gilles Reul, prestre, recteur de la dicte paroisse de Paulle, lequel nous a dit et déclaré que depuis vingt sept ans qu'il est recteur, il n'a recognu autre seigneur supérieur ny fondateur en la dite église et paroisse de Paulle, que le dict seigneur de Kervilio pour lequel il a toujours faict des prières nominales, et avoir entendu dire à deffunt missire Allain Bozec, précédent recteur de la dicte paroisse et aux anciens habitants d'icelle qu'ils n'avaient pareillement recognu que le dict seigneur de Kvilio et les

sieurs du Bezy (1) précédens propriétaires de la terre et
seigneurie de Paulle, en laquelle la dicte église est scituée
pour seigneurs fondateurs et supérieurs d'icelle. Signé : *Gilles
Reul*, recteur de Paoul.

A esté protesté au contraire par la dicte dame du Coscro
assistée dudict Bannier pour tant que les seigneurs barons
de l'ostrenen sont seigneurs supérieurs et premiers prééminenciers de la dicte église et paroisse, et persisté en son
réquisitoire cy devant. Signé : *Florimonde de Karadreulx* et
Bannier.

Et à l'instant est aussi comparu messire René Jégou (2),
chevalier, seigneur de Paullo, ayant charge et faisant pour
messire Gilles Jégou, chevalier, seigneur de Kvllio, son père,
lequel nous a dit qu'il s'opposoit à la dite prise de possession
pour les raisons qu'il déduira en temps et lieu. Signé : *René
Jégou.*

Et par la dicte dame du Coscro assistée du dict Bannier
a esté persisté et requis que, nonobstant et sans avoir esgard
à la dite opposition, elle soit mise en possession desdits droits
de supérieur et de premier prééminancier en la dicte église.
Signé : *Florimonde de Karadreulx* et *Bannier.*

Sur quoy nous conseiller et commissaire susdict, avons
donné acte à la dicte dame du Coscro et audict Bannier de
leurs dires et réquisitions et de ce qu'il n'a aucunes autres
armes dans la principalle vitre de l'église de Paule que
celles mentiounées en son dire, ensemble audict sieur de
Paulle de son opposition, sans préjudicier à laquelle ni aux
droits des partyes au principal avons mis et introduict la dicte
dame du Coscro en la possession réelle et actuelle des

---

(1) De Gourvinec, sgr du Bézy et de Paule.

(2) Le descendant en droite ligne paternelle de messire René Jégou, seigneur
de Paule, est aujourd'hui Monsieur Adolphe-Marie-Joseph-Michel Jégou, comte du Laz,
fils d'Adolphe-René Jégou, comte du Laz et de Marie de Saisy, comtesse du Laz.

droits et préminances qui peuvent appartenir aux seigneurs barons dudict Rostrenen en la dicte église et paroisse de Paulle, pour y avoir faict par la dicte dame prières et autres actes requis pour parvenir à une valable prise de possession.

De la dite paroisse de Paulle nous nous sommes transportez ce requérant la dicte dame assistée du dict Bannier à la chapelle de la Magdeleine, tresve de la paroisse de Kgrist Moëllou, en laquelle estant entrez, la dite dame nous a supplié de raporter que dans le haut et lieu le plus éminent de la grande et principalle vitre de la dicte chapelle, il y a deux escussons, de gueulle à la croix d'argent, au-dessous deux escussons de chaque costé de la dite vitre, le premier du costé de l'Évangille escartelé au premier et quatrième quartier armes pleines de Pont-l'Abbé, aux deux et trois armes pleines de Rostrenen, le second escusson aux armes pleines de Pont-l'Abbé, du costé de l'Épistre le premier de Rostrenen, le second escartelé au premier du Pont, au troisième de Rostrenen, les second et quatrième nous n'y avons pu rien cognoistre, au bas de la dite vitre deux prians portans chacun un escu, celuy du costé de l'Évangille de Rostrenen, celuy du costé de l'Épistre, escartellé au premier du Pont-l'Abbé, au troisième de Rostrenen, au quatrième de Rohan, le deuxième nous n'y avons pu rien cognoistre ostant effacé.

Puis estant venus à la chapelle Notre-Dame des Isles, en la paroisse du dict Kgrist-Moëllou, nous y avons remarqué au lieu le plus éminent de la grande et principalle vitre d'icelle un escusson presque rompu, au-dessouz deux escussons, celuy du costé de l'Évangille de gueulle à six macles d'argent, trois, deux et un, celuy du costé de l'Épistre de Rostrenen plein, et ostans sortis de la dicte chapelle nous avons rencontré missire Martin Le Lay, prestre chapelain d'icelle, auquel ce requérant la dite dame du Coscro assistée dudict Bannier ayant demandé qui avoit mis les armes ostant au haut du pignon sur la porte de la dicte église, il nous a dit qu'il y a onze ans qu'il est chapelain d'icelle, que depuis deux ans ledict pignon a esté achevé et qu'auparavant ledict bastiment il n'y avoit remarqué d'armes, et que celles qui y sont sont celles du seigneur de Kvilio. Signé : *Martin Le Lay, chapelain.*

Et la nuict estant survenue nous sommes retirez en la dite ville de Rostrenen, et continué à la dite dame l'assignation au lendemain.

Et le vingt huictiesme jour des dits mois et an, nous conseiller et commissaire susdits serions transportez en la présence et ce requérant la dite dame du Coscro assistée du dict Bannier son conseil, sur les bois taillis de Kbescon et Rostrenen, puis à l'église de Lomaria-Gaudin, qui est une trefve de la paroisse de Plouguernével, où nous aurions remarqué en la grande et principalle vitre d'icelle, le premier et plus éminent escusson estre celuy de Rostrenen plain, porté par un ange, dans la même vitre du costé de l'Évangile, un party au premier d'argent à cinq fusées de gueulle en bande (de Perrien) qu'elle nous a dit estre les armes de Trégarantec, au second facé d'or et de gueulle qu'elle nous a dit estre les armes du Chastel, le tout porté par un autre ange. Au-dessous et à la pointe du même escusson, un escartelé au premier et quatrième de Rostrenen, au second et troisième d'azur à quatre macles d'or, deux en chef et deux en pointe, (le Séneschal), à l'opposite en même scituation du costé de l'Épistre, un autre escusson en pointe qui marque d'argent à cinq fusées de gueule au-dessous duquel est un party, au premier party coupé d'azur à quatre macles d'or, deux en chef et deux en pointe, au deuxième coupé de Rostrenen, et au deuxième party d'argent au chevron de gueulles accompagné de trois estoilles de mesmo portez aussi par un ange; dans l'aisle droite de la mesme chapelle en éminence et le premier est un escartelé de Rostrenen au premier et quatrième, aux deux et troisième d'azur à quatre macles d'or deux en chef, deux en pointe, il y a cinq autres escussons où en chaque alliance les premiers quartiers sont de Rostrenen.

De la dite chapelle nous avons passé dans les bois taillis de Kmarec, puis au moulin du Cordic, sur un ruisseau où nous avons trouvé François Le Souillec, fermier dudict moullin auquel nous avons enjoint de recognoistre la dicte dame du Coscro pour dame et propriétaire du dict Rostrenen, s'attourner à elle et luy payer à l'advenir le prix de sa ferme, qu'il nous a dit estre de quatre cens quatre-vingt livres par an, après avoir mis la dicte dame du Coscro en possession du dict moullin.

Puis, arrivez au bourg de Plouguernével et entrez dans l'église et paroisse du dict Plouguernével, nous avons remarqué au haut et lieu le plus éminent de la grande vitre de la dicte église, deux écussons, celuy du costé de l'évangille à neuf macles (de Rohan) celuy du costé de l'Épistre escartelé au premier et quatrième à cinq bezans en sautoir, aux deux et troisième verré, le tout sans métail ny coulleur, au-dessous trois autres escussons en même rang, celuy du costé de l'Évangille, d'argent à trois mollettes d'éperon de sable, celuy du milieu party, au premier d'argent aux mesmes molettes, au second lozangé d'argent et de sable, au-dessouz et au milieu des dits deux escussons, un autre escusson party au premier d'argent ausdites molettes de sable, au second lozangé d'argent et de sable, desquelles armes la dito dame du Coscro nous a demandé acte, et de ce qu'elles paroissent avoir esté mises depuis peu dans la dite vitre, ainsi qu'il résulte de quelques autres armes estant au dessus d'icelles, lesquelles paroissent fort anciennes et avec leurs métaux et couleurs, et de ce que dans la pierre servant de clef à la voute de la chapelle nommée de la tour de la dite église, il y a un escusson de Bretagne à trois fasces avecq un lambel de trois

pièces qui sont les armes de Rostronen, le tout pour lui valloir
et servir ce que de raison, ce que luy avons accordé.

Et dudict Plouguernévez nous nous sommes, en compagnie
et ce requérant ladite dame du Coscro assistée dudict Bannier,
transportez au bourg de Plounévez-Quintin, et entrez dans
l'église et paroisse du dict bourg, nous avons remarqué au
second lieu de la principalle vitre du costé de l'Évangille,
un escusson qui est de Rostronen brisé d'un lambel à trois
pendants d'azur, en deux endroits du lambris de la voute,
estant sur la nef et le grand autel de la dicte église deux
escussons des armes pleines de Rostronen, et nous a la dite
dame assistée du dict Bannier demandé acte de ce qu'il y
a dans le haut et lieu le plus éminent de la dicte principalle
vitre, un escusson fascé de dix pièces d'argent et de gueulle
orné d'une couronne de comte et entouré d'un collier de
l'ordre de Sainct Michel, lequel escusson paroist y avoir esté
mis depuis peu.

De la dite église nous sommes entrez dans l'auditoire de
Plounévez-Quintin, et la présence de Le Guillou, Jean Le
Vert, Yvon Fourchaut et autres habitans du dict bourg, nous
avons mis et induit la dite dame du Coscro en possession des
droits et prééminances appartenant aux seigneurs de Rostronen en la dite église, et de la juridiction, haute, moyenne
et basse justice, de Rostronen en Plounévez-Quintin, laquelle
s'exerce au dict bourg par les officiers de la dite baronnie de
Rostronen, et ont les dits habitans déclaré ne scavoir signer
excepté le dit Le Guillou, et que l'audience de la dite
juridiction s'exerce les lundy; signé : *Le Guillou.*

Et la nuit estant survenue nous nous sommes retirés audict
Rostronen et en passant nous avons esté sur le champ de la
justice proche de la dite ville, auquel nous avons remarqué
les ruisnes et fondements de six pilliers que l'on nous a dit
avoir esté autrefois la justice de la dite baronnie, et continué

l'assignation ce requérant la dicte dame au lendemain, sept heures du matin. Signé : *Florimondé de Keradreulx* et *Bannier*.

Et le lendemain vingt neuflème jour des dits mois et an, nous conseiller et commissaire susdit nous sommes, en la présence et ce requérant la dicte dame du Coscro assistée du dict Bannier, transportez dans la maison et manoir des Isles scituée en la dite paroisse de Kgrist-Moëllou, consistant en un grand corps de logis, escallier, escurie, court et jardin, où nous avons rencontré François Becmour, escuier, sieur de Kgrist, et Magdeleine Giraut, dame des Pesrières, ladite Giraut fermière des dits manoir et de la métairie des Isles pour la somme de trois cens livres par chacun an, en la présence desquels nous avons mis et induit la dite dame du Coscro en la possession réelle et actuelle de la dite maison, manoir et seigneurie des Isles, circonstances et dépendances, par y avoir la dicte dame du Coscro entré et esté par les dits logis, faict sortir d'iceux les dits Becmour et Giraut, fermé les portes et fenêtres, beu et mangé, faict feu et fumée et autres actes requis et nécessaires pour prendre possession, puis faict rentrer les dicts Becmour et Giraut pour y demourer sous et de par la dicte dame du Coscro à laquelle les dites choses appartiennent comme dame et propriétaire des dictes baronnie de Rostrenen et seigneurie des Isles, ce que leur avons enjoint de faire.

De la dite maison nous sommes pareillement entrez en la maison et métairie des Isles, en possession de laquelle, terres, prez, prairies, patures, jardins et autres choses en dépendant, nous avons pareillement mis et induit la dite dame du Coscro, laquelle y a faict tous les actes requis et nécessaires pour acquérir possession, et nous avons enjoint à Yvon Aufray, métayer d'icelle, que nous y avons trouvé, de recognoistre à l'advenir la dicte dame du Coscro, s'attourner à elle et luy payer les fermes, proflts et revenus de la dite métairie.

Puis au moulin et estang de Querodu, scitué en la dite paroisse de Kgrist-Moëllou, dépendant de la dite seigneurie des Isles, en possession duquel nous avons mis aussi la dite dame du Coscro qui y a faict tous les actes requis et nécessaires, et avons ordonné à Jean Domallain, meunier et fermier d'iceluy, que nous y avons trouvé, de recognoistre à l'advenir la dite dame du Coscro, s'attourner à elle et luy paier le prix de sa ferme qu'il nous a dit estre de la somme de deux cens cinquante livres par chacun an.

Puis au moullin et estang de Bellechasse, avecq deux tournans et moulans, en la dite paroisse de Kgrist-Moëllou, dépendant de la dite seigneurie des Isles, en possession duquel nous avons semblablement mis et induit la dite dame du Coscro, laquelle y a faict les actes nécessaires pour prendre possession, et avons ordonné à Charles Cauzic, meunier et fermier d'iceluy, que nous y avons trouvé, de recognoistre à l'advenir la dicte dame du Coscro, s'attourner à elle et luy paier le prix de sa ferme qu'il nous a dit estre de la somme de deux cens livres par chacun an.

Et allant au bourg de Bulat, paroisse de Pestivien, nous avons passé sur les bois taillis de Rosannec, proche le dit bourg de Kgrist-Moëllou, en possession desquels nous avons mis la dite dame du Coscro, laquelle y a coupé bois et faict autres actes pour acquérir possession.

Et arrivez audict bourg de Bulat, la dicte dame du Coscro, assistée du dict Bannier son conseil, nous a dit qu'elle nous avoit supplié de venir audict Bulat, distant de cinq lieues du dict Rostrenon, pour la mettre en possession des droits de supériorité et premières prééminences que les barons du dict Rostrenon avoient en l'église du dict Bulat, qui est une trefve de la paroisse de Pestivien, et estans entrez dans ladite église la dite dame du Coscro, assistée du dict Bannier, nous y a faict remarquer au haut et lieu le plus éminent de la

20

grande et principalle vitre, un escusson verré d'or et de gueulle au collier de l'ordre de Sainct Michel, dans le rang au-dessouz deux escuz, celuy du costé de l'Évangille de Pont-l'Abbé, celuy du costé de l'Épistre de Rostrenen, au troisième rang deux escus, celuy du costé de l'Évangille, verré d'argent et de sable (de Pestivien), celuy du costé de l'Épistre escartelé au premier et quatrième d'azur à trois mains d'argent, deux en chef, une en pointe, aux deux et troisième d'argent, au haut du pignon estans au-dessus du portail et entrée du milieu de la dite église un escusson en pierre escartelé au premier et quatrième à une fasce chargée d'hermines (de la Chapelle de Molac), aux deux et troisième à quatre mâcles deux et deux, supporté de deux lions, et orné d'un casque ouvert, à la seconde vitre du pignon de l'aisle de la dite église du costé de l'Évangille, au premier et plus éminent lieu, un escusson verré d'argent et de sable (de Pestivien), au-dessouz et dans le second rang, deux escussons, celuy du costé gauche escartelé au premier et quatrième de gueulle à quatre mâcles d'argent, au second et troisième de gueulle à la face d'argent chargée de quatre hermines, celuy du costé droit, party, au premier party coupé au premier coupé de gueulle à quatre macles d'argent, au second coupé de gueulle à la fasce d'hermines, et au deuxième party de gueulle à onze bezans d'or (Malestroit), pour luy valloir et servir en temps et lieu ce que de raison, et avons la dicte dame du Coscro mise et induitte en la possession réelle et actuelle des droits et prééminances qui peuvent appartenir aux seigneurs barons de Rostrenen en la dite église, par y avoir la dicte dame faict prières et autres actes, mêmes au droit qu'elle nous a dit avoir de tenir les généraux pledz de Rostrenen audict bourg le lendemain du pardon et assemblée du dict bourg. — —

Et revenant du dict Bulat en la dite ville de Rostrenen, nous serions en la présence et ce requérant la dicte dame

du Coscro assistée du dict Bannier, passez au bourg de Mesle-
Pestivien en l'église et paroisse duquel la dicte dame nous
auroit pareillement dit que les seigneurs barons du dict
Rostrenen estoient supérieurs et premiers prééminanciers,
et entrez dans la dite église paroissiale nous aurions remarqué
au haut et plus éminent lieu de la grande et principalle vitre,
un escusson des armes pleines de Rostrenen, et beaucoup
d'autres escussons, l'un desquels est mi party au premier de
gueulle à la croix danchée d'argent et au second de Rostrenen.

Sur un tombeau eslevé de trois à quatre piedz de terre
scitué presque au milieu, vis à vis et proche le balustre
fermant le grand autel, deux escussons, celuy du costé de
l'Évangille estant en lozange, my party au premier de
Rostrenen brisé d'une pièce de lambel de sable, au second de
gueulle à la croix danchée d'argent, et celuy du costé de
l'Épistre de gueulle à la croix danchée d'argent, et avons mis la
dicte dame du Coscro en possession des droits et prééminances qui peuvent appartenir aux seigneurs barons de
Rostrenen en la dite église et paroisse de Mesle-Pestivien par
y avoir faict la dicte dame prières et autres actes nécessaires.

Du dit Mesle-Pestivien nous nous sommes pareillement
transportez en la présence et ce requérant la dite dame du
Coscro assistée du dit Bannier, au bourg et paroisse de Kgrist-
Moëllou, l'église de laquelle la dite dame du Coscro nous
auroit pareillement dit estre dans le fief et haute justice
de la dite baronnie de Rostrenen, les seigneurs de laquelle
baronnie y sont seigneurs de fief, fondateurs supérieurs,
premiers et seuls prééminanciers, et entrez en la dite église
nous y aurions trouvé missire Jean du Sel, prestre, lequel
nous auroit dit qu'il est natif de la dite paroisse de Kgrist-
Moëllou, qu'il est habitué en la dite église depuis les sept
à huit ans, et qu'il a toujours veu et entendu faire les prières
nominales pour les barons de Rostrenen comme seigneurs du
fief et fondateurs de la dite église et paroisse, ce faict nous

aurions veu et remarqué au haut de la grande et principalle vitre, deux escus, celuy du costé de l'Évangille mi party au premier party, coupé, au premier coupé d'or, au second coupé d'or à deux pals de gueulle (de Foix), au second party de Rostrenen, celuy du costé de l'Épistre, mi party de Rostrenen et du Pont, et mis la dicte dame du Coscro en la possession réelle et actuelle de tous les droits et prééminances appartenants aux seigneurs barons de Rostrenen en la dite église et paroisse de Kgrist-Moëllou, comme seigneurs du fief et fondateurs par y avoir la dicte dame du Coscro faict ses prières, sonné les cloches et autres actes nécessaires pour acquérir une valable possession, même au droit de deux bancs estans en la dicte église, que l'on nous a dit estre ceux de Rostrenen. Signé : *Florimonde de Keradreulx* et *Bannier.*

Et du dict bourg de Kergrist-Moëllou nous nous sommes, en la présence et ce requérant la dicte dame du Coscro assistée du dict Bannier, transportez dans la forest de Kergrist-Moëllou où nous avons veu la portion de la dite forest distraitte et séparée par les dit jureurs présents et les dits arpenteurs par la dite dame du Coscro, en conséquence de nos ordonnances, en possession de laquelle portion de forest nous avons mis et induict la dite dame du Coscro, laquelle y a faict les actes requis et nécessaires pour prendre une valable possession.

Et la nuict estant arrivée nous nous sommes retirés en la dicte ville de Rostrenen et continué l'assignation à la dicte dame du Coscro au lendemain.

Et le trentième jour des dits mois et an, nous conseiller et commissaire susdict, sommes, en la présence et ce requérant la dicte dame du Coscro assistée du dict Bannier, transportez dans la chapelle nommée de Saincte-Barbe, scituée proche la dicte ville de Rostrenen, en la rue nommée le Bourg-Coz, à la grande vitre de laquelle du costé de l'Évangille nous avons remarqué un escusson des armes pleines de Rostrenen orné et entouré d'un collier de l'ordre de Saint-Michel.

Puis à la chapelle de Sainct-Anthoisne, scituée près la dite ville de Rostrenen, à la muraille de laquelle par dehors du costé vers septentrion, nous avons veu trois bannières, la première portée par un homme armé portant un escartelé de Rostrenen et du Pont. Les deux autres portées par deux sauvages, l'une portant un freté (du Guermeur), et l'autre de Rostrenen en plein.

Ensuite d'une représentation d'un Sauveur portant sa croix, deux hommes armés portant chacun une bannière, la première escartelée au premier et quatrième grands quartiers escartelés de France avecq une cottice et de Navarre aux deux et troisième de Rohan, la seconde escartelée aux premier et quatrième de Bretagne au chef de gueulle chargé de trois fleurs de lys d'or, aux deux et troisième du Pont-l'Abbé.

Ensuite à la chapelle de Sainct Jacques, scituée proche la précédente, au haut et lieu le plus éminent de la grande et principalle vitre, un escusson des armes pleines de Rostrenen, au-dessus d'une porte du costé d'Occident, un escusson renversé armes pleines de Rostrenen, surmonté d'un timbre avecq ses ornements ayant pour cimier la teste d'un lion lampassé, des deux costez, de la porte en deux pierres avancées d'un demy pied hors de mur, un escusson des armes pleines de Rostrenen.

Et enfin à la chapelle de Nostre-dame de Bonne-Nouvelle autrement du Hambout, au haut et plus éminent lieu de la principalle vitre, un escusson escartelé au premier du Pont-l'Abbé, au second escartelé de France à la cottice et de Navarre, au troisième de Rostrenen et au quatrième de Rohan. De tout quoy nous avons donné acte à ladite dame du Coscro pour luy valloir et servir ce que de raison.

Et le dit jour trentième novembre, une heure de l'après midy, par devant nous conseiller et commissaire susdict, est comparu la dicte dame du Croscro assistée du dict Bannier, laquelle nous a dit que par les oppositions qui ont esté formées à la possession en laquelle nous l'avons mise de ladite terre de Rostrenen et ses dépendances, nous avons pu remarquer les difficultez qu'elle aura à se restablir es droits usurpez par plusieurs particuliers n'ayant aucuns titres pour justifier ses prétentions, la dame comtesse d'Auroy refusant de les luy mettre entre mains, même ayant fait enlever la plus grande partye de ceux qui estoient au greffe de cette ville, c'est pourquoy comme elle a apris qu'il y avoit encore audict greffe un coffre dans lequel estoient plusieurs titres et papiers justificatifs des droits et dépendances de la dicte baronnie de Rostrenen et seigneurie des Isles, de crainte que la dicte dame comtesse d'Auroy ou ses intendants ne le fassent enlever, elle requert qu'il nous plaise nous transporter audict greffe et aposer le scellé sur le dict coffre pour la conservation des dits titres et papiers, et faire deffences audit greffier et tous autres de se dessaisir d'iceluy que par ordonnance de justice et en la présence de la dicte dame du Coscro, laquelle pour ce regard seullement a esleu son domicille en la maison de maistre René Guillou procureur audict Rostrenen y demeurant, à peine de tous despens dommages et interests et d'en respondre en leurs propres et privez noms. Signé : *Florimonde de Karadreulx* et Bannier,

Sur quoy nous conseiller et commissaire susdit avons donné acte à la dicte dame du Coscro et audict Bannier, audict nom de leurs dires et réquisitions. Ensuitte de quoy nous nous serions en leurs présences transportez au greffe de ladite ville de Rostrenen, auquel lieu nous aurions rencontré Tristan Hamon, commis au greffe, pour l'absence du maistre Pierre Loguello, greffier, prisonnier depuis trois mois aux prisons de la ville de Khaès, lequel nous a dit qu'il y avoit dans la chambre haute du dict greffe, un grand coffre-fort de bois de chesno, dans lequel il avoit entendu dire qu'estoient partye des titres et papiers concernants la dicte seigneurie et baronnie

de Rostrenen, et que la clef du dict coffre estoit entre les mains
de la dicte dame comtesse d'Auroy ou de ses intendants, et
estans montez en ladite chambre, nous avons faict aposer sur
l'ouverture de la serrure du dict coffre le scellé marqué du
cachet et armes de la dite seigneurie de Rostrenen, en cire
verte, et aux deux bouts de la bande de papier sur laquelle le
dict cachet est marqué, du cachet et armes de ladite dame du
Coscro en cire d'Espagne rouge; et avons faict deffences
ausdits Leguello, Hamon et tous autres de se dessaisir du
dict coffre, faire ouverture d'icelluy ni levée du dict scellé sinon
par ordonnance de justice et en la présence de la dicte dame
du Coscro ou de procureur fondé de sa procuration, et d'en
respondre en leurs propres et privez noms et de tous despens,
dommages et interrests, et acte de l'eslection de domicille
faict par la dicte dame du Coscro chez le dict Guillou, procureur, de laquelle apposition de scellé et deffences nous
avons faict mention sur le papier du greffe de la dite juridiction de Rostrenen. Signé : *Tristan Hamon*, commis.

Seroit de rechef comparue la dicte dame du Coscro assistée
du dict Bannier son conseil, laquelle nous a dit et remonstré
que de la dite baronnie de Rostrenen et seigneurie des Isles
dépendent encore des premières prééminances en la paroisse
de Peumerit-Quintin, aux tresves de Bonnen, Sainct Michel,
Trégornan, Illes Moëllou, Sainct Gilles de Goarec, aux chapelles de Sainct Symphorien, Saincte Christine, Sainct
Guillaume, et en plusieurs autres paroisses, tresves et chapelles, droit de présentation au prieuré de Sainct Jacques,
mesme droit en l'abbaye de Langonnet de pouvoir disposer
par ses officiers des choses d'icelle abbaye, en visiter les
salles, chambres, dortoirs, et autres lieux, distribuer le pain
à tous les pauvres qui s'y rencontrent et d'y prendre la réfection aux despens de l'abbaye le joudy absolu de chacunne
année, comme aussi droit de première mende en la cour et
siège royal de Khaos avant toutte autre juridiction du ressort
du dict siège; droit de lever coustume dans la dicte ville de

Khaes, sur l'entrée du pont de la Picardie et autres endroits
à quatre lieues loin de ladite ville de Rostrenen, et au dedans
des dites quatre lieues, privilège particulier aux bourgeois et.
habitans du dict Rostrenen de tirer au joyau, et d'en prendre
et recevoir le prix sur les debvoirs et débit de vin, exemption
des dits bourgeois et habitans de Rostrenen de taille, fouage,
et autres contributions roturières en payant quarante-deux
livres par chacun an pour deniers d'ayde, mais s'il falloit nous
transporter sur tous les dits lieux, il nous faudroit faire un long
séjour, ce qui causeroit de grands frais aux partyes, pourquoy
elle requiert qu'il nous plaise la mettre en possession des dits
droits sus déclarez, specifiez, et exprimez, et générallement et
entièrement de ladite baronnie de Rostrenen, terre et seigneurie des Isles, privilèges et prérogatives, comme elles ont
eu cy devant, appartenances et dépendances, sans réservation
et sans que la spécialité déroge à la généralité ni la généralité
à la spécialité, sauf les protestations et réservations par elle
cy devant faictes par ses précédens dires et réquisitions, pour
la dicte dame du Coscro en jouir comme de son propre bien
et patrimoine, et au surplus qu'il nous plaise retirer les
deffences portées par le dict arrest du quatre septembre dernier. Signé : *Florimonde de Karadreulx et Bannier.*

Sont aussi comparus les dits sieurs de La Maillardière, de
La Poirierre, et de Sainct Gilles, priseurs nobles, et les dits
Rivière et Turmel arpenteurs royaux, lesquels nous ont dit,
savoir, les dicts arpenteurs, qu'ils ont faict arpentage et division
de la dite forest de Kgrist Moëllou, et les dits sieurs priseurs
qu'ils en ont marqué la quantité, donné prix à icelle et tous
ensemble planté les bornes en conséquence de nos ordonnances des vingt et vingt quatrième des présents mois et an
dont ils ont dressé leur rapport, ensemble de l'estimation qu'ils
ont faicte des rentes censives deuez sur les maisons de la ville
de Rostrenen, suivant nostre ordonnance du vingt-deux des
dits mois et an, lequel raport ils nous ont mis entre mains,
iceluy affirmé véritable et signé avecq nous, et que nous

avons faict attacher à la minutte de nostre présent procès-
verbal pour estre inserré en iceluy ainsi qu'il en suit. Signé :
Amproux, Allain de La Motte, Michel Godet, Monnerayo,
Rivière et Turmel.

D'autant que par arrest du Parlement de Paris du quatre
septembre mil six cens soixante-dix, rendu entre dame Florimonde de Keradreulx vefve de messire François de Lantivy,
chevallier, seigneur du Coscro, conseiller au Parlement de
Bretagne d'une part, et dame Françoise de Guémadeuc
comtesse d'Auroy, messire Sébastien de Rosmadec, marquis
de Mollac, et messire Philippes d'Espinay, baron de Broons,
d'autre part, les tous héritiers par bénéfice d'inventaire de
dame Hélenne de Beaumanoir, vivante marquise d'Assigné,
il est entre autre ordonné, suivant l'option réservée à la dicte
dame de Karadreulx, qu'elle sera mise en possession, par
l'exécution du dict arrest, de la baronnie de Rostrenen et seigneurie des Isles, jusques à la concurrence de la somme de
sept mil quatre cens huit livres onze sols de revenu par
chacun an de proche en proche et le plus commodément que
faire se pourra pour la jouissance des parties, pour et au lieu
des terres de Pledran, Villehélio, déduction faite sur l'estimation d'icelles de la somme de deux mil neuf cens cinquante
livres quinze sols huict deniers, à laquelle se monte ce que la
dicte de Karadreulx devoit contribuer au payement de la
somme de trente six mil cinq cens cinquante et une livres qui
estoit deue par ladite de Beaumanoir à Monsieur de la Galissonnière, pour laquelle elle luy avoit vendu les dites terres
de Pledran et Villehélio avecq faculté de remeré par contract
du sixième febvrier mil six cens vingt huict, pour l'exécution
duquel arrest la dicte cour auroit commis Monsieur Amproux
conseiller du Roy en icelle, par autre arrest du sixième du dict
mois de septembre, et en conséquence nous escuyer Joan
Monnerayo, sieur de La Maillardière, esculer Michel Godet,
sieur de La Poirière, et esculer Allain de La Motte, sieur de

21

Saint-Gilles priseurs nobles, et maistres François Rivière et André Turmel arpenteurs royaux, en la sénéchaussée de Rennes, avons été convenus et nommés d'office, et presté le serment devant mondit sieur le Commissaire le saiziesme novembre mil six cens soixante dix et autres jours suivants, pour faire distraction d'une portion de la forest de Kgrist Moëllou dépendants de la dite baronnie de Rostrenen et seigneurie des Isles pour parfournir l'assiette de la dite somme de sept mil quatre cens huit livres onze sols de rente, ainsi qu'il est raporté au procès-verbal de mondit sieur le commissaire, et pour y procéder nous sommes transportez en la ville du dict Rostrenen le jeudi vingtième du dudict mois, suivant l'assignation donnée par mondict sieur le commissaire, et le lendemain vingt uniesme, sommes dessendus au bourg de Kgrist Mouellou proche ladite forest, en distance du dict Rostrenen de deux lieues, ou estans il nous auroit esté mis en main de la part de la dite dame du Coscro au rolle et extroict des rentes censives deues à ladite baronnie de Rostrenen, non signé ni datté, contenant neuf rolles de papier sans comprendre le dernier qui est rompu, avecq une ordonnance de mondit sieur le commissaire du vingt et deuxième du dict mois de novembre portant que les rentes comprises au dict rolle et papier censier seront par noûs dits priseurs estimées et adjoutées au prisage et estimation des dictes baronnie de Rostrenen et seigneurie des Isles. Suivant laquelle ordonnance et icelle exécutant aiant calculé les dictes rentes, elles se sont trouvées monter la somme de trente-sept livres treize sols sept deniers dont il y a huict sols six deniers monnoye, sans comprendre les quatre articles du dict dernier fouillet recto qui sont rompus par la moityé, les dites rentes prisées et multipliées au denier quarante, les deniers monnoyes réduits à tournois, la somme de soixante et quinze livres dix sols sept deniers tournois de rente cy . . . . 75 l. 10 s. 7 d.

Et ensuitte estant en la dicte forest il nous auroit esté mis

en main deux autres ordonnances, l'une portant que par nous
dits priseurs il seroit faict partage à division de la dicte forest
en plusieurs lottyes et parcelles, et par l'autre que le prisage
en seroit faict eu esgard à ce qu'elle vaut présentement,
attendu les dégradations qui pourroient y avoir esté commises
depuis la dite estimation faicte l'an dernier; suivant lesquelles
avons remarqué quelques pieds d'arbres abattus en divers
endroits depuis la dite estimation que nous avons con-
sidérez; et par autre ordonnance du vingt-quatrième dudict
mois de novembre, il est dit que pour parfaire l'assiette et
récompense de la dicte somme de sept mil quatre cens huict
livres onze sols de revenu, il reste encore deux mil trois cens
quatre vingt dix-sept livres dix-sept sols trois deniers aussi de
revenu, et que nous dits priseurs et arpenteurs continuerons
à faire partage, division et estimation de ladite forest, pour
en estre baillé à ladite dame du Cosero jusques à la concurrence tant de la dicte somme de deux mil trois cens quatre
vingt dix-sept livres dix-sept sols trois deniers, de celle de
deux cens quarante-six livres dix sols à laquelle par le dict
prisage la métairie de Parcambozec et Pré de Pratgestin
donnés en propriété par la dicte dame comtesse d'Auroy pour
l'entretien d'un prestre qui dira chaque jour une messe en
l'église collégialle dudict Rostrenen, ont esté estimées; que de
la somme de trente livres donnée par ladite dame comtesse
d'Auroy pour l'entretien d'un chantre en la dicte église à
prendre par chacun an sur le revenu de la dite baronnie;
les dittes sommes faisant ensemble celle de deux mil six cens
soixante-quatorze livres sept sols trois deniers de revenu, et
une fois payé au denier vingt la somme de cinquante et trois
mil quatre cens quatre-vingt-sept livres cinq sols, pour laquelle somme et parfaire la dicte assiette nous avons employé
une portion et quantité de la dicte forest faisant la plus grande
partye et ycelle à commencer proche le bourg dudict Kgrist
Moëllou, et continuer par le circuit vers Occident, Septen-

trion et Orient proche les terres dépendantes des maisons et
villages de Kguiniou du haut et du bas, et de Kfrédoul et
autres villages de Toulhantez et de Knascalou, jusques au
moulin de Bellechasse, et depuis le dict moulin jusques à une
première borne de pierre de grain armoyée des armes des dits
sieur et dame du Cosero, aposée au costé oriental de la dicte
forest proche le coing vers Occident et Septentrion d'un pré
dépendant de la métairie dudit Guernavalou apartenante aux
héritiers de la demoiselle des Maisonsneufves, et continuant
depuis la dicte première borne traversant la dite forest par le
chemin qui conduist dudict moullin au village de Creemouellou,
jusques à la seconde borne aposée au costé occidental dudict
chemin, il y a vingt et une corde de long à raison de vingt et
quatre piedz la corde, et depuis la dite seconde borne montant
par le dict chemin jusques à la troisième borne, il y a onze
cordes et un quart, et depuis la dicte troisième borne continuant encore le dict chemin jusques à la quatrième borne, il
y a huit cordes trois quart, et de la quatrième borne jusques
à la cinquième il y a six cordes, et de la cinquième borne
jusques à la sixième qui est proche le ruisseau du Gouespont
Mouellou, six cordes deux tiers, et de la sixième borne traversant le dict ruisseau par le dict chemin jusques à la septième
neuf cordes, et de la septième borne à la huictième sept cordes,
et de la huictième à la neufvième soixante-deux cordes, et de
la neufvième borne à la dixième neuf cordes trois quartz, et
depuis la dixième continuant encore le dict chemin jusques à
l'onzième six cordes, lequel chemin demeurera commun aux
deux portions pour la servitude et passage de la dite forest, Et
depuis l'onzième borne quittant le dict chemin et tournant à la
main gauche vers Orient jusques à la douzième trois cordes,
et de la douzième borne jusques à la treizième qui est proche le
coing septentrional d'un pré nommé la garenne Douchery trente
et deux cordes trois quarts, et de la treizième borne continuant
le long du fossé du dict pré jusques à la quatorzième aposée
proche le coing vers midy et occident du dict pré trente-six

cordes, et de la quatorzième borne tournant le dict pré jusques
à la quinzième quatre cordes un tiers, et depuis la quinzième
borne traversant une quantité de la dite forest en droite ligne,
jusques à la seizième et dernière borne aposée proche le coing
vers Orient et Septentrion du Parc de la Fontaine appartenant
à Paul Ropert du dict village de Crecmouellou, et au costé méridional du chemin qui conduist du dict village à coluy de
Kgestin, cinquante trois cordes, et finissant le circuit de
la dicte portion de forest costoiant les terres du dict village de
Crecmouellou et manoir des Isles, et autres jusques et proche
le dit bourg de Kgrist Moëllou, inclusivement, icelle portion
ainsi qu'elle est cy dessus débornée contient sept cens quarante
et huict journaux dix cordes, laquelle nous avons prisée et
employée pour la dite somme de cinquante et trois mil quatre
cent quatre vingt sept livres cinq sols pour demourer en
propre à ladite dame du Coscro, et y avons considéré les
arbres que nous avons remarqué avoir esté abattus depuis
l'estimation par nous en faite l'an dernier mil six cens soixante
neuf, le surplus de ladite forest demourant en proprietté à
ladite dame comtesse d'Auroy, cy . . . . 53,487 l. 5 s.

A tout quoy nous dits priseurs nobles et arpenteurs certifions
nous estre portés fidellément, et conclut le présent au bourg
de Kgrist Moëllou le trentième du dict mois de novembre mil
six cens soixante dix après midy, et avons rendu à ladite
dame du Coscro le rolle mentionné au présent et ordonnances
cy dessus dattées, et avons esté occupéz tant à venir sur les
lieux y séjourner et travailler que pour retourner chacuns en
nos maisons scavoir nous dits sieurs de La Maillardière et de
La Peyrière, Riyière et Trumel chacun dix huict jours, et
moy dit sieur de Saint-Gilles quatorze jours. Signé : Michel
Godet, Monnerave, Allain de La Motte, Rivière et Turmel.

De tout quoy nous conseiller et commissaire susdit avons
donné acte à la dite dame du Coscro assistée du dict Bannier,
elle le requérant, et de ce qu'il n'y a eu aucunes oppositions

ni empeschements formez qui soient venus à nostre cognois-
sance, sinon de la part du dict sieur de Ꝃvilio, à la possession
réelle et actuelle en laquelle nous avons mis la dite dame du
Coscro des dites baronnie de Rostrenen et seigneurie des
Isles, ruisnes, masures, emplacement, douves, contrescarpes,
et estang du dict chasteau de Rostrenen, jardin, colombier,
prez du seigneur, estang de Ꝃbescon en pasture, emplacement
des bois de Quistillicouejou, bois taillis de Ꝃbescon, de Rostrenen et de Ꝃmarec, moulin et étangs de Quistillicouejou,
moulin du Cordic, maisons, manoir et métairie des Isles,
moulins et estangs de Ꝃodou et de Bellechasse, bois taillis de
Rosannec, portion de la forest de Ꝃgrist Mouellou, jardins,
prez, prairies, pastures, gar nnes, landes, vallons, issues,
franchises, terres arrables et non arrables, en dépendants,
four à ban, geosle, halles, droits d'estalage qui s'y lèvent, et
aux environs, péages, coustumes, conduits et passages, au-
ditoires de Rostrenen et de Plounévez Quintin, greffes de
Rostrenen, et de Rostrenen en Plounévez Quintin, juridictions,
justices, haute, moyenne et basse, droit de tenir les généraux
pledz de Rostrenen au bourg de Bulat, tenues, rentes consives, emportant profits de fief, chefrentes, rentes viagères et
convenantières, corvées et autres droits seigneuriaux et
féodaux, fiefs et arrière-fiefs, droits de patronnage, nomination, présentation, fondation, et bancs, et tombeau et enfeu,
seigneurie, supériorité, premières et autres prééminences
appartenans aux propriettaires des dites baronnie de Rostrenen et seigneurie des Isles, et églises collégialle et paroi-
sialles de Rostrenen, Ꝃgrist Moüllou, Glomel, Paoul, Plouguernével, Plounévez Quintin, Mesle-Pestivien, succursalles
et trefves de La Magdeleine, de Lomaria Gaudin et de Bulat,
et chapelles de Saincte Catherinne, Sainct Eloy, Nostre-
dame des Isles, Saincte Barbe, Sainct Anthoine, Sainct
Jacques et de Nostre-dame de Bonne-Nouvelle autrement du
Hambout; comme aussi ce requérant la dite dame du Coscro

assistée du dict Bannier, nous l'avons mise et mettons en la possession de droit, des premières prééminances en la paroisse de Peumerit-Quintin, aux tresves de Bonnen, Sainct Michel, Trégornan, Illes Moëllou, Sainct Gilles de Goarec, aux chapelles de Sainct Symphorien, Saincte Christine, Sainct Guillaume et autres paroisses, trefves et chapelles, du droit de présentation au prieuré de Sainct Jacques, du droit de pouvoir disposer par ses officiers des clefs de l'abbaye de Langonnet, en visiter les salles, chambres, dortoirs et autres lieux, distribuer le pain aux pauvres qui s'y rencontrent, y prendre sa réfection aux despens de l'abbaye le jeudy absolu de chacune année, du droit de première monée en la cour et siège royal de Khaès, avant toute autre juridiction du ressort du dict siège, du droit de lever coustume dans la dicte ville de Khaès, sur l'entrée du pont de la Picardie et autres endroits à quatre lieues loin de la dicte ville de Rostrenen et au dedans des dites quatre lieues, du privilège accordé aux bourgeois et habitans du dict Rostrenen de tirer au joyau et d'en recevoir le prix sur les debvoirs et débits de vin. De l'exemption des dicts bourgeois et habitans de tailles, fouages et autres contributions roturières, en payant quarante-deux livres par chacun an pour deniers d'ayde, et généralloment et entièrement des dites baronnie de Rostrenen et seigneurie des Isles, droits, privilèges et prérogatives comme elles ont eu cy devant, appartenances et dépendances, déclarées, spécifiées et exprimées, non déclarées, spécifiées ni exprimées sans aucune en excepter ny réserver, et sans que la spécialité déroge à la généralité, ni la généralité à la spécialité, pour du tout en jouir, user, faire et disposer par la dite dame du Cosero, comme de son propre bien pour et au lieu des dictes terres de Plédran, Villehélio, conformément audict arrest du quatre septembre mil six cens soixante-dix ; faisant deffences à la dicte dame comtesse d'Auroy, aux dits sieurs de Rosmadec, d'Espinay et tous autres de la troubler en la dicte jouissance, sauf à la dicte dame comtesse d'Auroy à disposer et user du surplus et restant de la dicte forrest de Kergrist Moëllou comme à elle appartenant.....

(Les dernières lignes de cette prise de possession de la baronnie de Rostrenen manquent comme les premières ; mais le titre n'en reste pas moins assez complet pour que le lecteur y trouve un parfait exposé de l'état de la baronnie en 1670.)

XI.

DÉCLARATION DE M. LE DUC DE RICHELIEU DE N'AVOIR AUCUN PAPIER REGARDANT LA BARONNIE DE ROSTRENEN (7 août 1687).

Aujourd'huy est comparu par devant les notaires du Roy au Châtelet de Paris son Excellence très haut et puissant seigneur Monseigneur Armand Jean du Plessis, duc de Richelieu et de Fronsac, pair de France, demeurant à Paris en son hostel, place Royalle, paroisse Saint-Paul, lequel a déclaré que pour satisfaire à la transaction passée entre luy et dame Florimonde de Karadreulx, veuve de messire François de Lantivy, chevalier, seigneur du Coscro, conseiller du Roy en son parlement de Bretagne, passée par devant Arouet l'un des notaires soussignez, et Espriez son confrère, le cinq juin de l'année dernière 1686, portant qu'il remettroit de bonne foy es mains de la dite dame, tous les titres, papiers et enseignemens qu'il pouvoit avoir ou ses gens d'affaires concernans les baronnies de Rostrenan, Rostrenan en Plounévez-Quintin, seigneurie des Isles, a dit et déclaré qu'il a fait remettre es mains de la dite dame un escrit signé de luy adressant au seigneur comte de Pontbriand, par lequel il le prie de faire remettre es mains de la dite dame tous les titres, papiers et enseignemens qu'il peut avoir concernans les dites baronnie et seigneuries et encore fait remettre es mains de la dite dame l'original d'un acte par luy passé portant consentement que le scellé qui a esté aposé sur un coffre estant au dit lieu de Rostrenan soit levé pour d'icelluy estre tiré tous les titres, papiers et enseignemens qui se trouveront concernans les mesmes baronnies et seigneuries a bailler et dellivrer à la dite dame. Déclare en outre le dit seigneur Duc qu'il n'a aucuns titres et papiers en sa possession concernans les dites baronnies et seigneuries, et qu'après s'estre fait informer par ses gens d'affaires s'il en avoient aucuns ou eus connaissances qu'il y en eust autres que ceux qui peuvent estre dans le dit coffre ou en la possession du dit seigneur comte de Pontbriant, il luy a esté raporté et affirmé par ses d. gens d'affaires qu'ils n'en avoient aucuns et n'avoient connaissance que personne qu'il congnou fussent chargées, ce que le dit seigneur Duc a affirmé estre véritable, dont acte faict et passé à Paris en son hostel sus déclaré l'an mil six cens quatre-vingt-sept, le sept° jour d'aoust avant midy. Et a signé : Armand-Jean du Plessis de Richelieu.

PAIN   AROUËT.

(Archives de Rostrenen. — Original papier.)

NOTE. — Le comte de Pontbriand, dont il est question ici, était Tanguy *du Breil*, comte de Pontbriand, fils de René du Breil, comte de Pontbriand (châtellenie érigée en comté, en 1650), marié le 6 septembre 1608 à Jacquemine *de Guémadeuc*, propre tante de Marie-Françoise *de Guémadeuc*, mère d'Armand-Jean de Vignerot, duc de Richelieu. Jacquemine de Guémadeuc était fille de Thomas *de Guémadeuc*, baron de Guémadeuc, vicomte de Rézé, seigneur de Guébriac, etc., etc., et de Jacquemine *de Beaumanoir du Besso*.

On voit, d'après cela, quelle était la proche parenté du duc de Richelieu avec le comte de Pontbriand, son mandataire.

XII.

ACTES DE BAPTÊME, DE MARIAGE ET D'INHUMATION DE FLORI-
MONDE DE LANTIVY, BARONNE DE ROSTRENEN.

BAPTÊME.

Le vingt-deuxième jour de janvier mil six cens quatre-vingt
trois, soussigné messire François Le Gallois, chanoine théo-
logal de la cathédrale, et vicaire de la paroisse Saint-Pierre
de Vannes, ay baptizé une fille née le dix-septième de ce mois
du légitime mariage de messire Claude-François de Lantivy,
chevalier, seigneur du Coscro, et de dame Anne-Christine l'E-
vesque. On luy a impozé le nom de Florimonde-Renée. Parain
a esté messire René Jégou, chevalier, seigneur de Paule et
Trégarantec, et est conseiller du Roy en son Parlement de
Bretagne, et Madame dame Florimonde de Caradreulx, dame
douérière du Coscro.

René JÉGOU.	Florimonde DE KARADREULX.
Louise DE LA HAIE.	Marguerite DE BAUD.
François-René JÉGOU.	Janne Hiéronime DE LENTIVY.
Julien de LANTIVY	Michelle GIRAUDET.
Jean PERRIMEL.	François LE GALLOIS.
Cl. Fr. DE LENTIVY.	

(Registre de Saint-Pierre de Vannes.)

MARIAGE.

NOPCES DE MESSIRE JEAN GILLES DE ROUGÉ SEIGNEUR, MARQUIS
DU PLESSIS BELLIÈRE, ET DEMOISELLE FLORIMONDE-RENÉE
DE LENTIVY DU COSCRO, BARONNE DE ROSTRENEN.

L'an de grâce mil sept cent cinq et le vingt et uniesme jour
de feubvrier, la proclamation d'un ban faite au prône de ma
grand-messe en notre église paroissiale de Lignol, le dimanche

de la sexagésime quinzième jour de feubvrier, controllé le 18
feubvrier, Monseigneur l'Evesque de Vannes ayant dispensé
des deux autres comme il paroit par les lettres en forme du
dix feubvrier, et la publication des trois bans faicte les huictième, quinzième et dixhuictième feubvrier dans l'église paroissiale de Glomel, evesché de Quimper, par missire G. Le
Roux, curé d'icelle, comme il m'apparu par son certificat du 18
du présent mois controllé à Carhaix le dix-huit feubvrier, ne
s'étant trouvé aucun empêchement, et après avoir veu le décret
de mariage des deux parties, fait par Messieurs les Juges de
la Principauté de Guémené, evesché de Vannes, en date du
14e fer, et par Messieurs les juges de la juridiction Royale de
Carhaix, evesché de Quimper, en date du 18 fer, le tout demeuré entre les mains des parties, Monseigneur l'Illustrissime
et révérendissime *Olivier Jégou de Kervilio* (1), évesque et
comte de Tréguier, a célébré le mariage de messire *Jean-Gilles
de Rougé*, chevallier, seigneur marquis du Plessis-Bellière et
colonel du régiment d'Angoumois, de la paroisse de Glomel,
evesché de Quimper, et de demoiselle Florimonde-Renée de
Lantivy du Coscro, baronne de Rostronen, de la paroisse de
Lignol, evesché de Vannes, et les ayant interrogés et reçu
leur mutuel consentement, il les a solennellement conjoins
en mariage par parole de présent, en présence de dame Anne-
Christine l'Evesque de Langourla, dame du Coscro, mère de
la dite demoiselle *Florimonde-Renée de Lantivy*, et des soubsignants, et mon dit seigneur évesque de Tréguier a ensuite
célébré la sainte messe en laquelle il leur a donné la bénédic-
tion nuptiale selon la forme et les cérémonies observées par
notre mère la sainte Église. Le susdit mariage célébré en ma
présence et enregistré par moi soubsigné recteur le dit jour
et an vingt et troisième feubvrier mil sept cent cinq.

---

(1) Olivier Jégou de Kervillio, né en 1643, fils de messire Gilles Jégou, seigneur
de Kervillio, vicomte de Kerjan, seigneur de Paule, de Glomel, de Mesle-Carhaix
de Moëllou, etc., et de Marie Budes du Tertrejouan. Il devint évèque de Tréguier en
1694, et mourut le 2 août 1731.

De Rougé du Plessis-Bellière.

Florimonde-Renée de Lentivy du Cosoro.

Anne-Christine Levesque.

Janne-Hiéronisme de Lentivy.

Marguerite Boterel.

Marie du Boisbaudry.

Anne-Marie de Lespinay.

Louise de lespinay de la villegillouart.

Claude loz de beaulieu.

Gilles de treullon.

Marguerite-Marie du rosquoit.

F. René jégou.

Henry du roscoët.

Olivier jégou de quervillio, évesque et comte de Tréguier.

Jan couëssin, recteur de Lignol.

(Registres de Lignol).

INHUMATION.

INHUMATION DE TRÈS HAUTTE ET TRÈS PUISSANTE DAME, MADAME FLORIMONDE-RENÉE DE LANTIVY, DAME MARQUISE DU PLESSIS-BELLIÈRE, BARONNE DE ROSTRENEN, etc.

Le quinzième may mil sept cent quarante-huit, à sept heures du soir, a été inhumé en cette collégialle, dans les enfolies de la seigneurie de Rostrenen, par vénérable et discret missire *Guillaume Nicol*, supérieur du séminaire de Plouguernével et vicaire général du diocèse de Quimper, le corps de deffunte très hautte et très puissante dame Madame Florimonde-Renée de Lentivy, marquise du Plessis-Belliorre, dame baronne de Rostrenen, dame des Iles, Rostrenen en Plonévez-Quintin, chatelaine de Coëtniel, dame de Mónorval, Monez-Tanguy, du Cosoro et autres lieux, veuve de très haut et très puissant seigneur Monseigneur Jan Gilles de Rougé, seigneur marquis du Plessis-Bellierre, du Faye, de la Cour de la Raye, vivant colonel du régiment d'Angoumois, etc., la ditte dame marquise décédée la nuit du treize de ce mois, en son château de Rostrenen, âgée de soixante-cinq ans, après avoir reçu les sacrements d'Eucharistie et d'Extrême-Onction ; ont assisté au convoy écuyer Pierre Jullien de la Boëssière, seigneur de Kret, écuyer Florimond-Jan Le Moine, seigneur de Talhoet, écuyer Charles de la Boessière, noble maître Joseph Hugonnier, sénéchal de Rostrenen, noble maître Corentin Philippe Le Gallic, seigneur de Kisoet, procureur fiscal qui ont signé avec les soussignants,

Jh HUGONIER, sénéchal.

DE LA BOËSSIÈRE DE KERRET père.

DE TALHOUET LE MOYNE.

DE KIZOUET LE GALLIC.

DE LA BOËSSIÈRE DE KERRET fils.

HERVÉ, prêtre et chanoine.

Louis PERRIN, chanoine.

Guillaume JOSSE, chanoine, supérieur de Saint-Jacques.

G. F. LE FLOCH, chantre et chanoine.

NICOL, supérieur du séminaire de Plouguernével.

(Registres de Rostrenen).

XIII.

NOTICE SUR LES DUCS D'ELBEUF.

Elbeuf, marquisat, appartenant à la maison de Lorraine, érigé en duché-pairie, pour les descendants mâles et femelles, avec dérogation à la clause de réunion à la couronne, novembre 1581 ; enregistrement et première réception, 20 mars 1582.

Emmanuel-Maurice de Lorraine, dit le prince d'Elbeuf, duc d'Elbeuf, second pair héréditaire de France, baron de

Routot et autres terres, chevalier de l'ordre de Saint-Étienne de Toscane, etc., devint 5° duc d'Elbeuf, et pair de France, par la mort de son frère, Henri, 4° duc d'Elbeuf, qui ne laissait pas d'enfants, 1er mai 1748.

Né le 30 décembre 1677, il passa, en 1706, au service de l'empereur, fut fait général de la cavalerie du royaume de Naples, revint en France au mois de mai 1719, et obtint des lettres d'abolition. Il mourut, sans enfants, le 14 août 1763, ou le 17 juillet, car les généalogistes ne sont pas d'accord sur la date.

Il avait épousé 1° à Naples, par contrat du 25 octobre 1713, Marie-Thérèse Stramboni, fille unique de Jean-Vincent Stramboni, duc de Salza; 2° le 5 juin 1747, Innocente-Catherine de Rougé, fille de Jean Gilles, marquis du Plessis-Bellière, colonel du régiment de Vexin, née le 28 décembre 1707, veuve sans enfants, 9 avril 1744, de Jean Sébastien de Kerhoënt, marquis de Coëtanfao, brigadier d'infanterie.

Il était fils de Charles de Lorraine III du nom, 3° duc d'Elbeuf, pair de France, gouverneur de Picardie et de Montreuil, et de la 2° de ses trois femmes, Élisabeth de la Tour de Bouillon. Ce second mariage de Charles III est du 20 mai 1656; Élisabeth mourut à Paris, le 23 octobre 1680, âgée de 45 ans.

Emmanuel-Maurice, mentionné ci-dessus, eut pour successeur le prince de Lambesc dont le nom réveille, avant tout, dans les cœurs royalistes, le souvenir d'un chevaleresque dévouement à l'infortunée Marie-Antoinette, issue aussi de la maison de Lorraine. Charles-Eugène de Lorraine, prince de Lambesc, né en septembre 1751, est mort sans enfants le 20 novembre 1825. Il était le dernier rejeton de sa branche, la dernière qui existât de toutes les branches de l'illustre maison de Lorraine, en dehors de la maison régnante d'Autriche.

XIV.

QUELQUES LETTRES DE LA DUCHESSE D'ELBEUF, BARONNE DE ROSTRENEN.

A Monsieur le comte de Saisy, à son château de Kersaint-Elloy, près Carhaix, Basse-Bretagne.

A Mereuil, le 25ᵉ septembre 1750.

Je suis bien reconnaissante, Monsieur, de la politesse que vous me faites à l'occasion des difficultés de terres qui se trouvent entre nous, je suis moi-même fort fâchée qu'il puisse y en avoir, je sçai les liaisons qui doivent nous unir, mais comme on peut plaider de la façon dont vous commencez, vous trouverrez toujours aussi, de mon côté, tout le désir possible de vous rendre et de vous témoigner, Monsieur, combien je suis parfaitement votre très humble et très obéissante servante,

DE ROUGÉ, duchesse d'Elbeuf.

A Monsieur l'Abbé Des Billars, doyen de l'église collégiale, à sa maison de Rostrenen, par Pontivy, Basse-Bretagne, à Rostrenen.

A Paris, ce 24 may 1755.

J'ai vû, Monsieur, Monseigneur l'Évêque de Quimper, et je lui ai donné à dîner depuis; je lui ai parlé du désir que M. le Recteur de Meslo avoit des pierres de la chapelle et du prieuré de Sainte-Catherine, il me répondit obligeamment que ce que je désirerois seroit impossible sy il n'y donnoit pas toutes les facilités possibles; et je ne vois point de ma part d'inconvénient à donner ces pierres, à condition que M. le recteur de Meslo fasse faire dans son église une chapelle qui tienne absolument lieu de l'ancienne au petit bénéfice de sainte Catherine, il me semble même que par là nous le rendrons plus agréable aux pourvûs, sçauvant l'inconvénient qu'on recour sur les successions, il faut seulement bien prendre garde que ce petit bénéfice simple ne se trouve pas confondu dans Meslo, et que mon droi: de nomination reste bien établi, et comme je connois toutes vos attentions à rendre justice à la Seigneurie, faites actuellement vous-même les mémoires de cette affaire pour l'Évêché, et cette lettre vous servira de pouvoir pour ma part, en attendant que vous ayez besoin d'autres signatures que je ne refusserai pas en conséquence de celle-cy.

Je ne suis point du tout surprise que Mlle du Quélénec ne trouve pas promptement des acquéreurs, cela me donnera le tems d'aller en Bretagne, mes affaires mieux arrangées, car j'ai déjà payé pour mon bâtiment 359,855 l., et je n'ai plus à cet égard qu'à faire estimer le mémoire de mon maçon, qui me demande encore 85,800 l., et que j'ai été obligé de faire assigner parce qu'il ne voulloit plus en passer par mon architecte qui a estimé son premier mémoire; et deux autres petits mémoires à acquitter de quelque commoditées qu'il a fallu faire pour M. le duc d'Elbeuf sitôt qu'il a logé avec moi dans le nouveau bâtiment, où heureusement il se trouve bien sans qu'il lui en coûte un écu, sinon pour quelques meubles qu'il a fait faire ayant dix-sept pièces à son appartement.

Le clergé s'assemble dimanche 25 de ce mois, quelques évêques ont grand désir de se plaindre, mais il y a apparance que quelques autres qui n'ont pas d'envie d'habiter leur métropolle, feront adoucir les représentations. Le Parlement continue à être assez vif à voulloir que la déclaration du 2 septembre soit reçüe partout, et on est persuadé que c'est la volonté du Roy. Nous ne pensons plus à la guerre, on attend

M. du Ploix, et Mandrin est réclammé par le roy de Sardaigne pour luy faire son procès, ayant été pris dans ses États.

Mille compliments à Mademoiselle votre sœur.

On ne sçauroit être, Monsieur, plus parfaitement votre très humble et très obéissante servante,

DE ROUGÉ, duchesse d'Elbeuf.

DÉCLARATION DE LA DUCHESSE D'ELBEUF.

Quoique nos titres n'exigent pas que nous donnions grande chose à Messieurs les chanoines de la Collégiale de Rostrenen, nous dessirons que de notre vivant, ils soyent bien traités, pour les engager à ne point faire de queste sur le peuple, ce qui est absolument contraire aux ordonnances et lois du royaume, et à rester faire l'office dans la collégiale, selon la bulle de sa fondation : et comme nous avons trouvé le prieur de Saint-Jacques dans l'idée qu'il avoit à tirrer un droit sur la foire de Saint-Jacques, que nos titres n'en disoient rien, et qu'il y avoit toute apparence que ce prétendu droit n'étoit venu que de la charité des peuples qui vouloit bien donner quelque chose au prieur de Saint-Jacques, quoiqu'à cette foire, nous lèvions nos droits, ce qui nous a paru être une charge injuste sur le peuple, et pour racommoder cette fausse idée aux dépens de nos intérêts, et conserver la paix avec les gens d'église, ce qui n'est pas toujours aisé, nous avons fait donner quelques arpens des prés de la Seigneurie au prieur de Saint-Jacques, et nous venons de recevoir en conséquence de ce nouvel arrangement un aveu de M. Hervé, prieur actuel, dessirant que nos successeurs pour le bien de la paix et l'aisance d'un ancien chanoine laissent les mêmes prés à tous les prieurs de Saint-Jacques. Nous avons encore réglé qu'outre la pistolle qu'on donne de nos receptes à l'ancien chanoine,

23

on lui payera en outre quarante-six livres six sols, fut-il même prieur de Saint-Jacques, comme cela est pour le présent. Que de même le chantre, outre les cinquante livres que nous lui payons, aura ses quarante-six livres six sols, fut-il notre chapelain, comme il se trouve aujourd'hui. Car quoiqu'il paroisse par la fondation que nous sommes obligés à leur moins donner, nous voulons que les six chanoines soient payés de leur 46 livres, tant qu'il y aura ce nombre de nommés par nous, et ce à la condition qu'ils résident à Rostrenen.

Fait en notre château de Rostrenen, le vingt-deux octobre mille sept cent soixante-cinq.

DE ROUGÉ, douarière d'Elbeuf.

(Archives de la Baronnie. Originaux).

XV.

ÉTAT DE LA BARONNIE DE ROSTRENEN ET SEIGNEURIES Y ANNEXÉES, 1777.

La terre de Rostrenen, en l'état actuel, consiste en huit membres différents,

Scavoir :

1° *Rostrenen* ; 2° *Les Isles* ; 3° *Glomel* ; 4° *Paule* ; 5° *Kerjean* ; 6° *Mezle* ; 7° *Moëllou* ; et 8° *Rostrenen en Plounévez-Quintin*. Le premier de ces membres inféodé du titre et droit de baronnie, plusieurs des autres de ceux de châtellenie, le moindre de ceux de haute justice.

Les sept premiers membres réunis par lettres patentes duement enregistrées forment une juridiction qui s'exerce à Rostrenen et qui relève en entier à la charge du rachapt du domaine du roy à Carhaix ; cette juridiction comprend

les paroisses de Kergrist, Glomel, ses deux trèves, et Paule
en totalité, ou du moins à bien peu de choses près, et une
partie considérable des paroisses de Plouguernével, trèves
de Locmaria et de Bonen, Mesle-Postivien, Postivien, Mesle-
Carhaix et Plouguer-Carhaix.

La seigneurie de Rostrenen, en Plounévez-Quintin, relève
prochement sans rachapt du duché de Lorges à Quintin;
elle s'étend dans les paroisses de Plounévez-Quintin, Botoha
et leurs trèves, Haut Corlay et Saint-Gilles-Pligeaux ; la
juridiction s'exerce au bourg de Plounévez-Quintin.

Le château est dans la ville de Rostrenen, assez près de ROSTRENEN.
la collégiale pour qu'on puisse entendre la messe au moyen
d'un corps de logis neuf, fait depuis quatre ou cinq ans et
qui a cousté près de vingt-quatre mille livres.

On y trouve un principal corps de logis accompagné de deux
pavillons en pierres de taille, outre un autre bâtiment y
attenant, cour, basse-cour close, écurie, remise et jardins ;
dans un de ces pavillons sont des cabinets voûtés en pierres
de taille dans l'un desquels sont les archives. Les jardins
tant potagers que de décoration, bosquet et terrasses contiennent sous fond, avec le château et ses dépendances,
environ trois journaux et demi.

Ce jardin est au couchant et en partie au midy cerné d'un
estang fort joly et poissonneux, duquel on peut agréablement
prendre le plaisir de la pêche, et lequel on peut écouler tous
les quatre ans ; il y a aussi deux réservoirs dans la basse-
cour, propres à y tenir le poisson.

Ce jardin est aussi cerné d'un verger joignant l'étang,
bien planté et en force, pouvant contenir environ deux
journaux et demi, et des fruits duquel on fait jusqu'à quarante-
cinq et cinquante barriques de cidre dans les années de
fruits, sans compter le fruit de garde dans ce verger et,
un collombier fort peuplé.

Il y a dans ces terres six grandes métairies, scavoir :

Dans la seigneurie des Isles, paroisse de Kergrist-Moëllou, la métairie des Isles qui comprend l'emplacement et les vestiges de l'ancien château ; cette métairie vaut, suivant le bail consenti pour neuf ans le 18 juillet 1771, cinq cent soixante-dix livres, à quoy joignant le neufvième d'une commission de 300 livres et d'un ensouchement de 420 livres, le revenu de cette métairie est au total de 624 livres 6 sols 8 deniers... 624 l. 6 s. 8 d.

GLOMEL. Dans la paroisse de Glomel, et la seigneurie du même nom, deux métairies dites de Kerrien dont l'une, nommée celle d'en haut, comprend l'emplacement et les vestiges de l'ancien château et le colombier, vaut, suivant bail du 26 mars 1772, consenti pour sept ans, six cent vingt-quatre livres, outre 120 livres de commission, total........ 641 l. 2 s. 10 d.

GLOMEL. La seconde métairie de Kerrien, dite la métairie d'en bas, affermée pour sept ans, suivant acte du 2 may 1770, quatre cent livres, outre 90 livres de commission et 150 livres d'ensouchement............................... 420 l. 7 s. 12 d.

Dans les mêmes seigneuries et paroisses la métairie du Touldu, affermée pour sept ans, par acte du 9 avril 1771, pour payer annuellement 350 livres, outre 90 livres de commission, total.. 362 l. 17 s.

Dans la seigneurie de Kerjean, paroisse de Paule, la métairie de Kerjean, affermée pour sept ans, suivant acte du 3 décembre 1769, pour payer annuellement 360 livres, outre 120 livres de commission, total........ 383 l. 2 s. 10 d.

Dans la seigneurie et paroisse de Paule, le manoir et métairie de Kerloaguennic, affermé pour six ans, par acte du 18 juillet 1769, pour payer annuellement 386 livres, outre 100 livres de commission, total............. 402 l. 9 s. 4 d.

Toutes ces métairies sont en bon état et les fermiers sont tous ou solvables ou bien cautionnés, sont obligés à l'entretien des couvertures.

Il y a dans ces terres douze moulins, scavoir :

Dans la baronnie de Rostrenen le moulin de Kerbescond, paroisse de Kergrist, affermé pour cinq ans, par acte du 12 août 1766, pour payer annuellement 353 livres, outre 30 livres de commission et 400 livres d'ensouchement, total.. 377 l. 5 s. 8 d. ROSTRENEN.

Le moulin de Bellechasse, même paroisse de Kergrist, affermé pour sept ans, par acte du 11 novembre 1770, pour payer annuellement 260 livres, outre 120 livres de commission et 380 livres d'ensouchement, total 629 livres 2 sols 10 deniers.................................... 629 l. 2 s. 10 d. ROSTRENEN.

Dans la paroisse de Plouguernével, le moulin du Cordy, affermé pour six ans, par acte du 6 aoust 1766, pour payer annuellement 293 livres, outre 50 livres de commission et 220 livres d'ensouchement, total............. 312 l. 11 s. 8 d. ROSTRENEN.

Dans la paroisse de Glomel, le moulin de la ville ou Quistilicoaziou, affermé pour sept ans, par acte du 20 septembre 1772, pour payer par an 750 livres, de commission 120 livres et 600 livres d'ensouchement, total.......... 779 l. 18 s. 6 d. ROSTRENEN.

Dans la seigneurie des Isles, le moulin de Kerodou, paroisse de Kergrist, affermé pour six ans, par acte du 11 novembre 1770, pour payer annuellement 333 livres, outre 150 livres de commission et 190 livres d'ensouchement, total 367 liv.   367 l. LES ISLES.

Dans la seigneurie de Glomel, le moulin de Corong, paroisse de Glomel, affermé pour sept ans, par acte du 7 juin 1768, pour payer par an 1070 livres 10 sols, outre 150 livres de commission et 900 livres d'ensouchement, total 1136 livres 6 sols 10 deniers........................ 1136 l. 6 s. 10 d. GLOMEL.

Le moulin de Botcanou, trève de Saint-Michel, paroisse de Glomel, affermé pour 6 ans, par acte du 24 mars 1772, pour payer par an 383 livres, commission 150 livres et 250 livres 5 sols d'ensouchement, total 420 livres 9 sols...... 420 l. 9 s. GLOMEL.

KERJAN. Dans la seigneurie de Kerjan, le moulin de Kerjan, paroisse de Glomel, affermé pour sept ans, par acte du 26 mars 1770, pour payer par an 850 livres, outre 120 livres de commission et 442 livres 13 sols 6 deniers d'ensouchement, total 889 livres 5 sols 6 deniers...................... 889 l. 5 s. 6 d.

PAULE. Dans la seigneurie de Paule, paroisse de Paule, le moulin de Stangandour, affermé pour six ans, par acte du 7 mars 1769, pour payer annuellement 556 livres, commission 120 livres et 380 livres d'ensouchement, total.................. 595 l.

Le moulin de Keroffaut, même seigneurie et paroisse, affermé pour sept ans, par acte du 2 avril 1771, pour payer annuellement 434 livres, outre 150 livres de commission et 205 livres d'ensouchement, total..... .... 465 l. 13 s. 5 d.

MESLE. Dans le fieff de Mesle-Carhaix, le moulin de Mesle-Carhaix, paroisse du même nom, affermé pour neuf ans, par acte du 24 may 1768, pour payer par an 356 livres, commission 100 livres et 104 livres d'ensouchement, total.. 376 l. 2 s. 2 d.

MOELLOU. Dans le fieff de Moëllou, paroisse de Kergrist, le moulin du Bois, affermé pour six ans, par acte du 29 juin 1770, pour payer par an 348 livres, commission 90 livres et pour ensouchement 450 livres, total.................. 385 l. 10 s.

Tous ces moulins sont en prisages et les meuniers doivent entretenir en bon état tant les couvertures des bâtiments que les biais et chaussées, excepté le meunier de Kerjan qui ne répond que des couvertures des bâtiments.

ROSTRENEN. Il y a aussi dans ces terres, deux fours bannaux, l'un à Rostrenen, affermé avec le bois taillis pour neuf ans, par acte du 13 may 1770, pour payer par an 550 livres et 120 livres de commission, total...,..._............. 563 l. 17 s. 11 d.

GLOMEL. Et autre au bourg de Glomel, affermé pour sept ans, par acte du 30 mars 1772, pour payer annuellement 51 l., cy. 51 l.

Autres droits affermés.

Les groffes des dites juridictions affermés pour neuf ans, par acte du 30 mars 1772, par billet sous signe privé pour 700 livres par an, outre 120 livres de commission, total 713 livres 6 sols 8 deniers...................... 713 l. 6 s. 8 d.   Rostrenen.

Les prés de la baronnie de Rostrenen, dits ceux du Seigneur, attenant la chaussée de l'estang qui est au pied des jardins du château, affermés pour six ans, par acte du 10 décembre 1767, pour payer par an..................... 600 l.   Rostrenen.

Les droits d'étalage et de coutume de la baronnie de Rostrenen, les poids et balances d'icelle, affermés pour neuf ans suivant bail sous seing privé du 5 juin 1769, pour payer par an.. 1300 l.   Rostrenen.

Quatre prés dans le bois de Kergrist, affermés pour neuf ans, par acte du 5 juillet 1763, pour payer par an 33 livres... 33 l.   Rostrenen. Les Isles.

Une maison et courtil à proximité des métairies de Kerrion, affermés par billet du 1er septembre 1763, et pour toute condition 18 livres par an.......................... 18 l.   Glomel.

Autre maison et un verger, dans le même canton, affermés à Joseph Feuillard, pour payer par an............... 15 l.

Une pièce de terre nommée la Garenne affermée, par acte du 10 juin 1770, pour payer 60 livres et 15 livres de commission, total... 63 l.   Glomel.

La perrière de Mezle-Carhaix affermée pour neuf ans, par acte du 1er octobre 1765, pour 60 livres par an, et 24 livres de commission, 62 livres 13 sols 4 deniers........ 62 l. 13 s. 4 d.

Un pré nommé Prat-ty-Roux affermé pour quatre ans, suivant bail du 2 décembre 1771, pour payer par an, 24 livres 24 deniers.

Les Rolles rentiers des seigneuries de Rostrenen et des Isles doivent en argent, compris les corvées appréciables.................................... 1,995 l. 3 s. 3 d.   Rostrenen. Les Isles.

En froment quatre sommes et cinq stalonnées et un quart à raison de trente-six livres la somme et de 8 stalonnées pour somme, 167 livres 12 sols 6 deniers........... 167 l. 12 s. 6 d.

En seigle une somme et deux stalonnées à raison de trente livres la somme.................................... 37 l. 10 s.

En avoine grosse 35 sommes 5 stalonnées et demi, à 20 livres la somme, pesant 480 livres la somme........... 712 l. 10 s.

En avoine menue six sommes valant à raison de quinze livres par somme, pesant trois cent cinq livres, total. 90 l. 5 s. 10 d.

Quarante-cinq chapons à seize sols pièce............ 36 l.

55 poulets et demi à 8 s. chaque, 22 livres 4 sols.. 22 l. 4 s.

ROSTRENEN. Les cheffrentes ou rentes censives vont à 96 livres en argent.. 96 l.

Deux livres moins un huitième de cire évaluée. 2 l. 16 s. 6 d.

Et une paire de gants à fauconnier évaluée........ .... 3 l.

GLOMEL. Le rôle rentier de la seigneurie de Glomel monte à deux mille deux cent quatre vingt-neuf livres deux sols quatre deniers.................................... 2,289 l. 2 s. 4 d.

GLOMEL. Les cheffrentes dues à la seigneurie de Glomel tant en argent qu'en grains, cire et gants, vont à......... 37 l. 2 s.

PAULE. Le rôle rentier de la seigneurie de Paule porte à. 1,461 l. 2 s.

PAULE. Les cheffrentes dues à la dite seigneurie sont de.. 43 l. 9 s.

KERJAN. Le rôle de la seigneurie de Kerjan porte à. 1,296 l. 16 s. 6 d.

KERJAN. Les cheffrentes du même fieff vont à......... 18 l. 3 s. 8 d.

Le rôle rentier de la seigneurie de Mezle-Carhaix 390 l. 19 s. 6 d.

Les censives donnent treize sols neuf deniers tournois.................................... 13 s. 9 d.

MOELLOU. Le rôle rentier de la seigneurie de Moëllou porte 998 l. 18 s. 3 d.

Ces différents fieffs sont inféodés du droit de faire lever la rente des rôles rentiers par les vassaux, et les cheffrentes ou

censives sont payables à jour fixe en l'auditoire, à peine de
3 livres d'amende.

Ces rentes et cheffrentes sont dues sur des tenues dont
plusieurs sont à domaines congéables aux usements de Cornouaille et de Poher, plusieurs à féage et rachapt, et plusieurs
autres sujettes seulement aux droits de lods et ventes et à tous
autres devoirs dépendants du fieff de la haute justice.

Mais outre les terres sujettes à ces rentes, il y a un très
grand nombre, soit de seigneuries, soit de métairies, soit de
pièces de terres éparses qui exemptes de rentes relèvent en
proche fieff de la baronnie de Rostrenen et de ses annexes, et
dont plusieurs sont sujettes à rachapt.

Parmi ces dernières on en trouve de la valeur de deux mille
quatre cent et trois mille livres. Parmi les autres on en trouve
de trois mille à quatre mille livres de revenu.

Il y en a même cinq qui sont en possession actuelle, deux
des droits de haute justice et trois des droits de moyenne
justice.

Et la plupart de ces différentes seigneuries appartiennent à
des seigneurs fort distingués.

Il dépend encore de Rostrenen et de ses différents membres
une foule de seigneuries et juveigneuries situées dans les
paroisses que l'on a cité et dans d'autres, et comme la plupart
de ces seigneuries sont considérables, que plusieurs ont
même droit de haute justice, ce sont de nouvelles preuves de
l'ancienne étendue et de la splendeur de la terre.

Outre les bois étant sur les tenues à domaine congéable et
plusieurs bouquets de bois ou rabines qui sont dans les placites
des villages ou sur les chemins, il y a dans ces seigneuries
deux bois de haute futaye.

1° Un petit bois à la porte de Rostrenen, et peut-être à
quatre cents pas seulement du château, qui contient trois ou

quatre journaux en chesne de belle venue et très épais, de l'âge de 50 à 60 ans.

2° Près du bourg de Glomel et des métairies de Kerrien au bord de l'étang du Corong soixante-dix journaux en chênes et hêtres de soixante et quatre-vingts ans, et en partie disposés en étoiles et rabines.

On trouve aussi dans ces terres, outre le bois taillis nommé celuy du Four, un autre nommé celuy de Korjégu qui sont situés à la porte de Rostrenen ayant près de quatre-vingts arpents d'étenduc.

Et le taillis de Mezle-Carhaix contenant environ soixante arpents et réuni à la ferme du moulin.

Cinq autres taillis vifs et en bon état qui peuvent être exploités tous les douze ans.

Ces cinq bois sont ceux de Kerbescond qui touchent à ceux de Kerjégu et du four, et contiennent soixante arpents.

Ceux de Kergrist et des Isles, auprès du bourg de Kergrist. contenant quatre cent trente-trois arpents.

GLOMEL. Ceux de Glomel, aux environs du bourg du même nom, contenant trois cent soixante-six journaux.

Ceux de Kerjan, à une lieue de Glomel, contenant quatre cent trente arpents.

Et ceux de Castel-Laouenan aussi soixante-six arpents, distants de Glomel d'une lieue et demie.

Outre l'estang de Rostrenen dont on a cy devant parlé, ceux de Mezle et de Kerodou de Bellechasse qui sont joints aux fermes des moulins.

Il y a dans ces terres cinq étangs considérables dont la pêche appartient au seigneur,

Celuy de Botcanou qui a sous fonds vingt journaux.

Les deux de Quistilicoajou qui ont quarante-sept journaux cinquante-sept cordes.

Celuy de Corong qui a trente-huit journaux, et celui de Korjan soixante-dix journaux.

Les cinq sont en la paroisse de Glomel. Le plus éloigné est au plus à une lieue et demie de Rostrenen, les quatre autres sont à trois quarts de lieues seulement et produisent annuellement au moins 200 livres compris celuy de Rostrenen.

Les seigneurs de Rostrenen et annexes sont inféodés de tous les droits de haute justice et patronages, et, sans contredit, premiers prééminenciers dans toutes les églises des paroisses de Kergrist, Glomel et Paule, et dans la plupart des églises où s'étend la juridiction. -

Ils sont même dans une possession aussi constante que bien établie de présenter au doyenné et aux six canonicats de la collégiale de Rostrenen. De ces six canonicats deux sont distingués par des rétributions plus fortes, celuy de l'ancien et celuy du prieur de Saint-Jacques ; ils nomment aussi à la chantrerie et à quatre chapellenies ou bénéfices qui se desservent soit à Rostrenen, soit aux environs.

Le doyenné de Rostrenen, auquel la cure de Kergrist est réunie, forme un des bénéfices du diocèse, et d'autant plus honorable que la collégiale de Rostrenen est la plus ancienne du diocèse de Quimper. C'est le doyen de Rostrenen qui confère les six canonicats sur la présentation du seigneur.

On a déjà dit que des huit membres de cette terre, il n'y en a aucun qui ne soit assuré des droits de haute justice. Plusieurs sont inféodés du titre du droit de châtellenie, Rostrenen l'est des titres et du droit de baronnie. En général, et on trouve en partie dans le même aveu qui a été rendu, le droit de nommer sénéchal, baillif, procureur fiscal, lieutenant, procureurs, notaires, arpenteurs, sergents en nombre illimité ; ces officiers tiennent audience à Rostrenen tous les mardis et les deux généraux plaids par an. Ceux qui sont actuellement en charges ont été pourvus gratuitement.

Le droit de première menée aux généraux plaids de la cour royale de Carhaix, le droit de château-fort, et forest, droit de patibulaire à six poteaux de potence et carreaux, droit de police.

Droit de forest forestable avec pouvoir d'y établir surgarde forestier et verdiers, et pouvoir aux juges et officiers de connaitre de tous délits et tous autres faits, concernant les eaux et forests et d'adjuger à la seigneurie les taux, amendes et confiscations; droits qui étaient assurés, à ces terres avant l'établissement des gruries. Droit de chasse à toutes sortes de bêtes avec retz, filets et autrement.

Droit de guet, droit de marché à chaque mardi de la semaine, de douze foires, et deux grands marchés ont été fondés à percevoir les mêmes droits qu'aux foires.

La ville de Rostrenon, dans laquelle il y a 7 à 800 âmes, est en possession du droit de joyau ou papegaut, pour lequel la ferme des devoirs paie 300 livres chaque année, qui sont employées au soulagement des pauvres de la ville.

Cette même ville jouit encore d'une exemption constante de fouages ou tailles au moyen de 42 livres payées par chaque année en nature de deniers d'aides aux receveurs de la Chambre des Comptes obligés de les envoyer prendre sur les lieux sans pouvoir contraindre que vingt-quatre heures après la première sommation faite au syndic.

La seigneurie de Rostrenon est également inféodée du droit d'exemption du logement des gens de guerre, passage et repassage des troupes.

Droit de mesure, étalonnage, poids et balances nouvellement établis.

Enfin outre plusieurs autres droits assez ordinaires dans les grandes terres, les Pères de l'abbaye de Langonnet doivent à chaque jeudy-saint faire attendre jusqu'à midi un prêtre pour dire la messe; ils doivent ensuite remettre toutes les clefs de leur maison au seigneur ou, en son absence, aux officiers de la juridiction qui ont droit de destituer pour vingt-quatre heures les supérieurs clostraux et d'en établir d'autres, ces Pères doivent ensuite donner un pain à tous ceux qui en viennent demander, et il en est rapporté procès-verbal par les officiers de Rostrenen.

Cette abbaye tient en fieff de la baronnie de Rostrenen quelques traits de dixmes et de rentes sur les droits de coutume, et au moulin, qui sont payés par les fermiers en sus des sommes cy-dessus tirées à la ligne.

Outres ces rentes et quelques modiques consives payées au domaine par des vassaux sans diminution des rentes cy-dessus calculées, on ne connait point d'autres charges sur la terre de Rostrenen et ses annexes, qu'une rente de vingt-quatre sols dus au domaine.

Quatre cent vingt-sept livres six sols pour supplément de fondation tant aux six chanoines, qu'à l'ancien, au chantre, au prieur de Saint-Jacques, à l'organiste, et à quatre enfants de chœur de la collégiale, lesquels choristes sont aussi à la nomination du seigneur.

Six livres dix sols à une église de la paroisse de Botoha.

A la fabrique de la paroisse de Glomel, pour l'entretien de la lampe... 19 l. 10 s.

Et à M. de Saisy, pour engagement du droit de moulte sur quelques vassaux..................................... 75 l.

Il dépend encore de la seigneurie de Glomel une métairie valant cent cinquante livres à deux cent livres de revenu, dont l'usufruit a été donné à une demoiselle d'environ soixante ans.

Les bois taillis employés au présent produisent au moins annuellement plus de 3000 livres et sont susceptibles d'augmentation, cy... 3000 l.

Les baillées, féages, lods et ventes et rachapts produisent au moins annuellement, une année dans l'autre, plus de 4000 livres, cy... 4000 l.

On veut pour la vente de cette terre sept cent mille livres, de laquelle somme on désirerait cent cinquante mille livres payé comptant lors de la passation du contrat ou de l'appropriement, et les autres cinq cent cinquante mille livres restants, l'acquéreur les gardera s'il le désire à constitut au denier vingt avec retention des impôts royaux. Et aura l'acquéreur la liberté de rembourser les 550,000 livres de principal en total ou en différents payements, même de cinquante mille livres, avertissant trois mois auparavant. Enfin il donnera à l'acquéreur toutes les commodités possibles.

Les acquéreurs pourront s'adresser à *Son Altesse Sérénissime* Madame la duchesse d'*Elbeuf*, à son hôtel à Paris.

Ou à M. de la Villeloys en la ville de Rostrenen (évêché de Quimper).

XVI.

RETOUR DE ROSTRENEN.

DU MARDY VINGT-NEUF AVRIL 1783, AUDIENCE TENUE ET DÉLIVRÉE EN L'AUDITOIRE DE LA JURIDICTION DE LA BARONNIE DE ROSTRENEN PAR DEVANT MONSIEUR LE SÉNÉCHAL D'ICELLE (1).

Présent : Monsieur le Procureur fiscal.
Sergent de service : Collard.

De la part de monsieur le procureur fiscal a été remontré, Messieurs, lorsqu'il plut, il y a quelques années, à son Altesse Madame la duchesse d'Elbeuf, de faire sortir cette seigneurie

---

(1) Nous donnons, tel qu'il est, le style ampoulé du procureur de la baronnie, sans y faire la moindre correction. Cette pièce nous a semblé indispensable pour terminer l'histoire des seigneurs de la baronnie.

de sa main, nos regrets furent bien vifs sans doute, et quand auroient-ils pu cesser si nous n'avions trouvé en même tems la puissante consolation de voir en possession de ce domaine un prince dont le nom seul étoit pour nous le gage de la bienfaisance ; mais les sentiments de gratitude, de fidélité, de respect attachés à une longue et constante épreuve du bonheur, sont indépendants de tout événement et de toute révolution, et l'empire des cœurs une fois bien acquis retrouve toujours tous ses droits. A ces mots vous reconnaissez déjà, Messieurs, quel est le réquisitoire que j'ai à porter à cette audience, et vos cœurs qui me préviennent ressentent bien mieux ce que j'aurois à leur dire et que je ne sçaurois le leur exprimer. Il me reste donc seulement à vous ajoùter que l'arrêt qui rend cette seigneurie à Son Altesse Madame la duchesse d'Elbeuf étant contradictoire et acquiescé par Son Altesse le prince de Rohan-Guémené, rien ne sçauroit empêcher que je ne puisse requérir et consentir tout à la fois autant que besoin seroit l'enrégistrement de cet arrêt.

Je requiers, Messieurs, pour Son Altesse sérénissime, Innocente-Catherine de Rougé, veuve de très haut, très puissant et très excellent prince Son Altesse sérénissime Emmanuel-Maurice de Lorraine, duc d'Elbeuf, pair de France, qu'acte me soit décerné du dépost par moi fait en l'endroit de l'arrêt rendu le trois de ce mois par messieurs les commissaires généraux députés par arrêt du Conseil d'État du Roi qui casse et annulle, aux termes exprimés par icelui, le contrat de vente consenti par Son Altesse Madame la duchesse d'Elbeuf, *le vingt-huit aoust mil sept cent soixante-dix-sept* et la remet en pleine propriété et jouissance de cette seigneurie, de sa juridiction et de son domaine, et de tous droits, terres et fiefs y annexés et en dépendants, que lecture en soit faite et ordonnée, qu'il soit enregistré et a signé. Ainsy signé au registre : Le Gallic de Kizouët, procureur fiscal.

Acte de la remontrance et du dépost de l'arrêt et de ce que lecture en a été faite, ordonné qu'il soit enregistré. Signé au registre : Courtois, sénéchal.

Les commissaires généraux députés par Sa Majesté par arrêt de son Conseil d'État du sept décembre mil sept cent quatre-vingt-deux, pour juger définitivement et en dernier ressort toutes les affaires, prétentions, demandes et contestations nées et à naitre, concernant la discussion des biens du sieur prince de Rohan, duc de Montbazon, et des sieur et dame prince et princesse de Guémené, les liquidations et paiement des dettes de leurs maisons, circonstances et dépendances : Vû le contract passé devant Le Brun qui en a la minute, et son confrère, notaires au Châtelet de Paris, le vingt-huit aoust mil sept cent soixante-dix-sept, contenant vente par Innocente-Catherine de Rougé du Plessix-Bellière, veuve d'Emmanuel-Maurice de Lorraine, duc d'Elbeuf, pair de France, à Jules-Hercule, prince de Rohan et de Guémené, duc de Montbazon, pair de France, de la baronnie, terre et seigneurie de Rostrenen, située dans le diocèse de Quimper, province de Bretagne, et des seigneuries y annexées comprenant huit membres différens qui sont : *Rostrenen, Les Isles, Glomel, Paule, Kerjean, Maële, Muellou, Rostrenen en Plounévez-Quintin*, ensemble les métairies, moulins, fours bannaux, maisons, courtils, vergers, terres labourables et non labourables, prés, perrières, terres vaines et vagues, bois taillis et de haute futaye, étangs, censives directes, mouvances, cens, rentes en argent, grains et volailles, corvées, féages, rachapts, lods et ventes, droits seigneuriaux, de coutume de justice, dépendans de la dite baronnie, terre et seigneurie de Rostrenen, et généralement, tout ce qui lui appartient et en dépend détaillé au dit contract de vente, comme aussy les ensouchements et chaptels de bestiaux appartenant à la dite dame duchesse d'Elbeuf, et étant tant sur les métairies qu'entre les mains des fermiers et métayers, les meubles meublants et effets mobiliers garnissans les dites terres et seigneuries lui appartenant, à l'exception de ceux mentionnés au dit acte de vente, aux charges, clauses et conditions y détaillées et moiennant la somme de *sept cent vingt-cinq mille livres*, dont sept cent mille livres de prix principal et vingt-cinq

mille livres de pot de vin, payables avec les intérests sur le pied
du denier vingt à compter du jour et fête de saint Michel
suivant, aussitost l'appropriement envers et contre tous, au
payement de laquelle somme de *sept cent vingt-cinq mille livres,*
les dites terres et seigneuries sont demourées par privilège
expressément réservées, affectées, obligées et hypothéquées,
et généralement tous les biens du dit duc de Montbazon,
le contract passé devant le dit Le Brun et son confrère, le vingt-
cinq février mil sept cent soixante-dix-neuf, contenant constitution par le prince de Guémené, comme fondé de procuration
du duc de Montbazon, son père, au profit de la duchesse
d'Elbeuf, de cinq mille livres de rente annuelle et perpétuelle,
payables en deux termes égaux de six mois en six mois,
à compter du vingt-neuf septembre précédent, au capital de
cent mille livres, de laquelle somme le duc de Montbazon est
d'autant demeuré quitte sur celle de six cent mille livres que
la duchesse d'Elbeuf a consenti de laisser entre les mains sur
les sept cent vingt-cinq mille livres, prix total de la vente dont
il s'agit, pour être employés à constitution de rente au denier
vingt par même privilège sur la dite terre de Rostrenen, et
sous les mêmes hypothèques sur tous ces biens. Autres
contracts passés par devant les mêmes notaires, le même jour
vingt-cinq février mil sept cent soixante-dix-neuf, portant
aussy constitution par le prince de Guémené audit nom, au
profit de la dite dame duchesse d'Elbeuf, chacun de douze
mille cinq cents livres de rentes perpétuelles payables comme
cy-dessus par même privilège et sous les mêmes hypothèques,
aux capitaux de deux cent cinquante mille livres, et formant
au total les cinq cent mille livres restantes dues des six cent
mille livres dont elle a consenti l'aliénation, à constitution de
vente. L'acte passé devant Trutal et son confrère, notaires
audit Châtelet de Paris, le 20 du dit mois de février mil sept
cent soixante-dix-neuf, contenant consentement par le Prince
de Guémené, en vertu de la même procuration, au retrait
féodal exercé par le *vicomte de Choiseul,* baron *de Quintin,* et

la dame son épouze, à cause d'elle du fief de Quintin, moyennant la somme de vingt-cinq mille huit cent soixante-cinq livres neuf sols cinq deniers, payées comptant par le dit sieur vicomte de Choiseul audit prince de Guémené, scavoir : *vingt-cinq mille livres* pour le prix principal des objets ainsy retraits et neuf cent soixante-cinq livres neuf sols cinq deniers pour intérêts accessoires et loyaux couts, laquelle dite somme de 25,000 livres la duchesse d'Elbeuf intervenante audit acte a, de son côté, reçue du dit prince de Guémené audit nom et de mêmes deniers, en déduction de ce qui lui étoit dû par le duc de Montbazon du prix de la vente sus-énoncée et au moyen duquel paiement elle a subrogé ledit sieur vicomte de Choiseul et la dite dame vicomtesse de Choiseul, jusqu'à due concurrence seulement en ses privilèges et hypothèques. Le relevé certifié par le contrôleur des actes à Rostrenen du registre des insinuations du bureau du dit lieu, contenant le détail des différens actes d'afféagements roturiers à devoir de lods et ventes et rachapts avec deniers d'entrées de différentes tenues dans l'étendue de la dite terre de Rostrenen, consentis par le fondé de procuration du duc de Montbazon au nombre de quarante-deux, et sommes à treize mille sept cent vingt-huit livres de deniers d'entrée; actes et quittances des 10 et 12 décembre 1779, 1er juillet 1782, 20 avril et 25 septembre 1781, 25 juin, 5 et 26 septembre, et 3 décembre 1782 contenants ventes et reconnaissances de payement du prix de bois de haute futaye dépendans de la dite seigneurie de Rostrenen, vendus à différens particuliers par les dits fondés de procuration du duc de Montbazon, montantes ensembles de dix mille six cent soixante livres. L'acte passé devant ledit Le Brun et son confrère, le 22 janvier 1780, contenant conventions entre les dits prince de Rohan duc de Montbazon, et prince de Guémené, et entre autres que le dit prince de Guémené auroit à compter du premier du dict mois de janvier la jouissance et administration générale de tous les biens du dit duc de Montbazon, à l'effet de quoi ce dernier lui a donné tous les pouvoirs nécessaires pour recevoir par ses baux, et faire tous afféagements moiennant le prix et sous telles clauses et conditions qu'il plairoit audit prince de Guémené. La requête à nous présentée par la dite duchesse d'Elbeuf tendante pour les causes y contenues à ce qu'il nous plut, attendu le défaut d'exécution des clauses et conditions du contrat de vente du dit jour *vingt-huit aoust 1777* de la dite terre de Rostrenen, et que la valeur de la dite terre se trouve diminuée par des ventes de fond, des coupes de bois de haute futaye, et le retrait féodal d'un des fiefs de la dite terre, qu'il y a d'ailleurs des dégradations considérables dans les bâtimens faute d'entretien et de réparation, qu'il est nécessaire d'en prévenir l'accroissement, déclarer le dit contrat de vente, nul et résolu, ordonner qu'elle rentrera dans la possession de la dite terre et des objets par elle vendus, que les fruits qui en sont dus lui seroient remis et compensés avec les intérêts et rentes des capitaux, à ce faire tous dépositaires contraints même par corps quoi faisant déchargés, ordonner pareillement que les baux et titres de la dite terre lui seroient remis à ce faire les dépositaires contraints, sauf à elle à faire constater, si elle le jugeoit à propos, les dégradations survenues dans la dite terre faute d'entretien, à ses offres de faire raison au comte du Plessix-Bellière des dits fruits au prorata de ce qui lui en revient eu égard aux arrérages échus de la rente de *douze milles cinq cent livres* constituée au contrat du 25 février 1779, si mieux n'aimoient les sindics des créanciers du Prince de Rohan duc de Montbazon et prince de Guémené lui payer et rembourser, et au sieur comte du Plessix-Bellière pour ce qui lui en appartient, le prix de la dite vente tant en principaux qu'intérêts et arrérages échus et à échcoir, jusqu'au remboursement des capitaux ou du moins donner bonne et solvable caution de faire porter l'enchère de la dite terre à si haut prix que la dite dame duchesse d'Elbeuf et le dit sieur comte du Plessis-Bellière soient payés de tout ce qui leur est dû, tant en principaux qu'intérêts, arrérages et frais.

Autre requête à nous présentée par François-Ollivier-Pierre

de Rougé, comte du Plessis-Bellière, mestre de camp en second du régiment de Flandres, tendante à ce qu'il nous plut le recevoir partie intervenante en l'instance, lui donner acte de ce qu'il consent que, faute de paiement du prix de la vente de la dite terre de Rostrenen, la dite dame duchesse d'Elbeuf rentre dans la possession, propriété et jouissance de la dite terre, à la charge par elle, du jour de son entrée en possession, de lui continuer, sous l'hypothèque spéciale de la dite terre seulement, à la décharge des créanciers du prince de Rohan-Guémené, la rente de *douze mille cinq cents livres* au capital de deux cent cinquante mille livres faisant partie du prix de la dite terre constituée par le contrat du dit jour 25 février 1779, et à lui donnée par la dite dame duchesse d'Elbeuf en faveur du mariage, pièce jointe à la requête du comte du Plessis-Bellière, passée le 8 avril 1779 devant Sauvaige qui en a gardé la minute, et son confrère notaires au Châtelet de Paris, duement insinué le douze mars suivant, par lequel entre autres clauses la duchessse d'Elbeuf lui a fait donation entre vifs du contract de *douze mille cinq cents livres de rentes* au principal de 250,000 livres sus énoncé. L'expédition de la délibération prise par l'assemblée des sindics des créanciers des princes de Rohan, duc de Montbazon, et prince et princesse de Rohan-Guémené, le quinze mars, par laquelle les dits sindics ont arrêté qu'ils interviendraient dans l'instance et s'en rapporteraient à notre prudence sur la rentrée demandée par la dite dame duchesse d'Elbeuf, dans la propriété et jouissance de la terre de Rostrenen et des objets vendus par le contract de vente de la dite terre de Rostrenen, autres que le fief de Quintin retiré féodalement, et à l'exception des bois de haute futaye vendus et exploités, et des terres afféagées, ensemble, sur les fruits et revenus échus à percevoir par la dite dame duchesse pour ceux qui peuvent être actuellement dus, et seulement à condition par la dite dame de s'entendre avec le dît sieur comte du Plessis-Bellière, et de décharger le prince de Guémené tant des 12,500 livres de rente au principal de 250,000 livres dus audit comte du

Plessis-Bellière, que du restant du prix de la dite rente en principal, intérêts et accessoires, et sur la demande de la dite dame duchesse d'Elbœuf, afin de faire constater, si elle le jugeoit à propos, les dégradations survenues dans la dite terre faute d'entretien. Les dits sindics ont aussy arretté qu'ils nous demanderoient que les parties fussent mises hors de cour. La requête des prince de Rohan, prince et princesse de Guémené du vingt-sept mars, tendante à ce qu'il nous plut leur donner lettres de ce qu'ils s'en reportoient à ce qu'il seroit par nous ordonné sur les demandes de la duchesse d'Elbœuf, et du comte du Plessis-Bellière ensemble sur la délibération des créanciers susnommés. La requête des sindics des créanciers du vingt-neuf du dit mois de mars, tendante à ce qu'il leur fut pareillement donné lettres de ce que conformément à la dite délibération ils s'en rapporteroient à notre prudence sur les dites demandes, et génerallement tout ce qui a été respectivement écrit, produit et remis par les parties par devers Monsieur de Fays, chevalier, conseiller honoraire à la cour des aides, l'un de nous commissaire a ce député ouï son rapport et tout considéré :

Nous commissaires généraux susdits, en vertu du pouvoir, a nous donné par sa Majesté pour le dit arrêt du conseil du sept septembre 1782, faisant droit sur l'instance, recevons le comte du Plessix-Bellière partie intervenante, donnons acte des déclarations et consentement portés aux requêtes respectives et en la délibération du quinze mars dernier ; au principal en ce qui touche les demandes de la duchesse d'Elbœuf y ayant aucunement égard, faute par le prince de Rohan Guémené, duc de Montbazon, d'avoir exécuté les clauses et conditions de la vente à lui faite par la dite dame duchesse d'Elbœuf de la terre de Rostrenen, circonstances et dépendances, par contract passé devant Le Brun, qui en a la minute, et son confrère, notaires du Châtelet de Paris, le vingt-huit aoust 1777, et faute de paiement du prix de la dite vente, avons déclaré et déclarons le dit contrat de vente nul, et

résolu, en conséquence ordonnons que la duchesse d'Elbeuf
sera et demeurera autorisée, en vertu du présent jugement, à
rentrer dans la propriété, possession et jouissance de la
dite terre de Rostrenen et de tous les objets mentionnés au
susdit contract de vente, à l'exception toutefois du fief de
Rostrenen en Plounévez-Quintin retiré féodalement, comme
aussy à l'exception de la superficie de ceux des bois de haute
futaye qui ont été vendus et exploités, et des terres afféagées
par contracts des 14 novembre 1778, 28 juin 1779, 20 février,
8, 11 mars, 21 mai, 10 juillet et 31 octobre 1780, 2 octobre,
10 novembre 1781, 7, 11, 18, 25 juin, 9, 31 juillet, 7, 20, 21
aoust et 18 octobre 1782 ; et quant aux dites terres afféagées,
ordonnons que la dite dame duchesse d'Elbeuf jouira comme
de choses à elle appartenantes, des rentes dont les dites
terres afféagées ont été grevées, l'authorisons pareillement
à toucher et percevoir les fruits et revenus dus et échus de
la dite terre, lesquels demeureront compensés avec ce qui
reste dû, tant à la dite dame duchesse d'Elbeuf qu'au comte
du Plessix-Bellière, en arrérages et intérests des capitaux à
payer et vuider leurs mains en celles de la dite dame duchesse
d'Elbeuf, tous fermiers, débiteurs, receveurs, régisseurs,
dépositaires et autres, contraincts chacun, en ce qui les concerne, par les voies qu'ils y sont obligés même par corps, quoi
faisan: déchargés, à la charge par la dite dame duchesse
d'Elbeuf, suivant ses offres, de faire raison au comte du Plessix-
Bellière des dits fruits au prorata de ce qui lui en revient,
eu égard aux arrérages échus de la rente de *12,500 livres au
capital de 250,000 livres* faisant partie du prix de la dite terre
constituée par contrat du 25 février 1779, et a lui donné par
la dite dame duchesse d'Elbeuf, en faveur de mariage, pour
contrat du huit avril 1779, faisant droit sur les demandes du dit
comte du Plessix-Bellière, ordonnons que la dite dame duchesse
d'Elbeuf sera aussi tenue de compter du jour de sa rentrée
en possession de la dite terre de Rostrenen, de lui continuer
sous l'hypothèque speciale de la dite terre seulement, en l'acquit
et décharge des princes de Rohan-Montbazon, et prince de

Guémené, la dite rente de 12,500 livres, au capital de 250,000 livres, au surplus ordonnons que les baux et titres de la dite terre de Rostrenen seront remis à la duchesse d'Elbeuf, à ce faire tous dépositaires contraints même par corps, quoi faisant déchargés, et qu'au moyen de sa rentrée en possession, de la remise des dits titres et des fruits échus de la dite terre, le dit prince de Rohan, duc de Montbazon, et le dit prince de Rohan-Guémené seront et demeureront bien et vallablement quittes et déchargés envers la dite dame duchesse d'Elbeuf, le comte du Plessix-Bellière et tous autres de tout ce qui est dû du prix de la vente de la dite terre, tant en principaux exigibles que constitués ensemble, des intérests et arrérages des dits principaux sur le surplus des demandes, fins et conclusions, mettons les parties hors de cour.

Fait en notre assemblée tenue à Paris, le jeudy trois avril 1783. Signé, collationné : Derseltesoy. (?)

Et en marge est écrit : Reçu copie le 11 avril 1783. Signé : Martin.

Et plus bas est aussy écrit : Reçu copie le onze avril 1783. Signé : Petit.

www.ingramcontent.com/pod-product-compliance
Lightning Source LLC
Chambersburg PA
CBHW070603100426
42744CB00006B/389